HEYNE <

KAYA YANAR
MADE IN GERMANY

WILHELM HEYNE VERLAG
MÜNCHEN

MIX
Papier aus verantwortungsvollen Quellen
FSC® C012425
www.fsc.org

Verlagsgruppe Random House FSC-DEU-0100
Das für dieses Buch verwendete FSC®-zertifizierte Papier
Eurobulk liefert Sappi, Biberist, Schweiz.

3.Auflage
Originalausgabe 02/2011

www.heyne.de
Mitarbeit: Paulus Vennebusch, Köln
Umschlaggestaltung: Nele Schütz Design, München
Fotos: Christian Sauter
Abbildung auf Seite 225: Marc Rehbeck für
TV Digital/PETA
Illustrationen:
Clyde & von Ameln (Digitale Maler & Lackierer), Köln
Cartoons: Zwen Keller, Frankfurt
Satz: BuchHaus Robert Gigler
Druck und Bindung: OAN, Zwenkau
Printed in Germany 2011

ISBN: 978-3-453-60204-5

Inhalt

Für Papa Yanar, der sich mit der Integration sehr schwertat, obwohl er sich so bemühte. Schau, Papa, es war nicht alles für die Katz!

Für Mama Yanar, die sich gut integrierte, aber es trotzdem schwer hatte ... mit ihren beiden Kindern ... einem Komiker und einem Mathematiker.

Für Bruder Yanar, der die Integration so schnell meisterte, dass er sich langweilte und seitdem auf Integration II wartet.

Vorwort

Meine Eltern kommen aus der Türkei. Ich bin am 20. Mai 1973 in Frankfurt am Main zur Welt gekommen. Mitten in Deutschland. Ich bin zwar Türke, aber nicht nur. Mein Name ist türkisch, meine Eltern sind türkisch. Ich bin Turk-Germane, oder Deutsch-Türke, oder Hesse-Türk. Ich weiß es nicht. Aber eins weiß ich ganz genau: Ich bin

MADE IN GERMANY.

Ich bin in Deutschland aufgewachsen. Ich bin auf eine deutsche Schule gegangen, habe deutsche Freunde, ein deutsches Auto und einen deutschen Pass. Ich fühle mich als Deutscher. Aber meine Wurzeln sind türkisch. Darum fühle ich mich hin und wieder so, als säße ich zwischen den Stühlen statt mitten drauf.

Ich gebe zu: Zwischen den Stühlen zu sitzen ist manchmal gar nicht so schlecht. Sich in beiden Welten zu bedienen, von zwei verschiedenen Kulturen beeinflusst zu sein, sowohl über die einen als auch über die anderen sich lustig zu machen – das hat schon was!

Aus dieser für mich durchaus angenehmen Position zwischen den Stühlen versuche ich in diesem Buch, einen Blick auf mein Heimatland Deutschland zu werfen. Das heißt: Es ist nicht nur ein Blick – es sind mehrere … und manchmal ist es sogar ein Silberblick.

Manchmal sieht der Türke in mir etwas anderes als der Deutsche. Manchmal ist der Blick des Deutschen Kaya Yanar besonders interessant. Beide, der türkische und der deutsche Kaya, schauen über den Tellerrand und beobachten, was außerhalb von Deutschland vor sich geht. Manche Blicke sind liebevoll, andere ... sagen wir mal: um Verständnis bemüht. Alle diese verschiedenen Blicke sind meine Blicke.

Ich habe für dieses Buch völlig subjektiv Themen ausgewählt, die mich interessieren und die ich mit Deutschland verbinde: entweder weil ich die geschilderten Situationen in Deutschland erlebt habe. Oder weil sie für mich typisch deutsch sind. Oder weil sie ein bestimmtes Licht auf Deutschland werfen – im Guten wie im Schlechten.

Als Wanderer zwischen den Welten erzähle ich, wie es für mich war, mit türkischen Wurzeln in Deutschland aufzuwachsen. So schildert *Made in Germany* nicht nur Geschichten über Deutschland, sondern auch meine eigene Geschichte: die Geschichte eines türkischen Jungen mit deutschem Pass, mit türkischen Eltern und deutschen Nachbarn, mit türkischen Verwandten und deutschen Freunden.

Neben all den subjektiven Erinnerungen und Eindrücken habe ich bei der Arbeit an diesem Buch viele Fakten gesammelt, die mich interessiert, erstaunt und belustigt haben. Diese Fakten habe ich in FACT BOXES verpackt und in die Kapitel eingestreut. Beim Zusammentragen der Fakten bin ich allerdings nicht wissenschaftlich systematisch vorgegangen, denn ich wollte ja ein unterhaltsames Buch schreiben und kein Lexikon. Nicht alle Fakten sind topaktuell, und nicht alle Fakten konnte ich auf ihren Wahrheitsgehalt hin überprüfen.

Viele der Informationen wurden im Lauf der Arbeit auf Bierdeckeln festgehalten oder in Kladden geschmiert. Andere wurden mir von Freunden und Fans zugemailt oder erzählt. Einige habe ich im Internet gefunden, aber, Leute: Fragt mich bitte nicht, wo!

Natürlich kommen in diesem Buch auch meine ausländischen Freunde zu Wort: Hakan, Ranjid und Francesco begleiten mich schon mein Leben lang. Wir haben keine Geheimnisse voreinander und können uns blind aufeinander verlassen – und das, obwohl wir vollkommen unterschiedlich sind. Wir haben viele der in diesem Buch versammelten Situationen gemeinsam erlebt, und die spezielle Sichtweise von Hakan, Ranjid und Francesco beleuchtet immer wieder Details, die mir nie aufgefallen wären.

Ich möchte noch unbedingt einen weiteren deutschen Freund erwähnen, der mich begleitet hat, und zwar bei der Produktion dieses Buches: Paulus Vennebusch, mein Lieblings-Comedy-Autor! Zusammen schrieben wir schon etliche *Was guckst Du?!*-Folgen, und ich bin sehr froh und stolz, dass er die Zeit gefunden hat, gemeinsam mit mir dieses Buch zu machen. Ohne ihn wäre das Buch erst 2111 erschienen – und nur halb so lustig. Mein lieber Paulus, besten Dank!

Im Januar 2011 *Kaya Yanar*

KAPITEL 1

Eltern

„Isch schwöre: Isch werde erst konkret Papa, wenn es gibt krass tiefergelegte Kinderwagen von BMW!"

Hakan

Eltern machen überall in der Welt merkwürdige Dinge: Eskimo-Väter geben ihren Neugeborenen rohes Fleisch zu essen, in Afrika tragen Mütter ihren Nachwuchs so lange auf dem Rücken, bis die Kleinen ihr Studium beendet haben, und in den USA achten Daddy und Mum jeden Morgen penibel darauf, dass die Kindergartentasche komplett gepackt ist: Taschentücher, Apfel, Schusswaffe.

Deutsche Eltern schütteln über solche Bräuche zu Recht den Kopf, aber ich kann ihnen versichern: Im Ausland versteht auch nicht jeder auf Anhieb, warum auf jedem zweiten deutschen Kombi „Laura an Bord" oder „Finn fährt mit" steht. Was wollen die Fahrzeughalter damit sagen? „Es sind Kinder im Auto – also fahrt bitte anderswo drauf?"

Deutschland gilt als sehr kinderfreundliches Land: Man bekommt Kindergeld, es gibt genügend Schulen, und Kampfhunden ist es verboten, in öffentliche Sandkästen zu kacken. Drei von vielen guten Gründen, die meine damals noch kinderlosen Eltern dazu bewogen, ihre Heimat zu verlassen und nach Deutschland auszuwandern. Sie wollten Kinder haben, und sie wollten ihren Kindern ein gutes Leben ermöglichen. Darum packten sie 1970 ihre Siebensachen und reisten von Antakya/Arsch der Welt nach Frankfurt/Main.

Meine Eltern sind Türken. Als sie in Deutschland ankamen, waren sie erst einmal schockiert. In Deutschland war alles anders als in ihrer Heimat: Es gab Kirchen statt Moscheen, die Frauen trugen keine Kopftücher, und ein Döner-Sandwich kostete zwanzigmal so viel wie in der Türkei! Wer möchte freiwillig in so einem Land leben?

Vieles war fremd, und doch blieben meine Eltern in Deutschland. Mit der Zeit gewöhnten sie sich an die seltsamen Umstände, und sie waren fast zur Ruhe gekommen, als eines Tages das Leben von Edip und Besima Yanar erneut komplett auf den Kopf gestellt wurde: Am 20. Mai 1973 erblickte ich das Licht der Welt. Und ab diesem Moment war für meine Eltern nichts mehr, wie es vorher war!

Die Geburt war ziemlich traumatisch für mich. Ich kam schließlich aus einer komfortablen, behaglichen Welt, nämlich aus meiner Mutter! Die vergangenen neun Monate waren für mich wie ein traumhafter All-inclusive-Urlaub gewesen: Gleichbleibend hohe Temperaturen, ich hatte immer genug zu essen, und ich hing den ganzen Tag im Wasser rum – selbst der exklusivste Ferienclub nimmt sich dagegen wie Guantanamo aus!

Doch dann musste ich plötzlich auschecken: Es kühlte von einer Sekunde auf die andere empfindlich auf 34 Grad ab, ich sah in gleißendes Licht, und ich blickte auf fremde, maskierte Menschen! Zur Begrüßung wurde mir erst einmal kräftig auf den Hintern gehauen –

willkommen in Deutschland! Aber bevor ich dem maskierten Prügelknaben seinen Klaps zurückgeben konnte, lernte ich meine Mutter kennen. Sie legte mein Gesicht auf ihre Brust, umschlang mich mit ihren Armen und lächelte verklärt. Ich wusste sofort: Falls es noch mehrere solcher weiblichen Wesen gibt, konnte diese Welt so schlecht nicht sein! Und tatsächlich durfte ich in den folgenden 37 Jahren immer wieder feststellen: Die Welt ist voll von solchen bezaubernden, weiblichen, verklärt lächelnden Wesen! Jedes Mal, wenn ich heute mein Gesicht an eine Frauenbrust schmiege, denke ich dankbar zurück an jenen 20. Mai 1973!

Mein Vater war übrigens bei der Geburt dabei. Für einen türkischen Vater war das damals alles andere als üblich. Aber er verhielt sich fantastisch und machte genau das, was für jeden deutschen Vater im Kreißsaal selbstverständlich ist: Er übergab sich und fiel in Ohnmacht!

Ich war nicht das einzige Kind, das an diesem Tag in jenem Krankenhaus geboren wurde: Im benachbarten Kreißsaal kam mein Kumpel Hakan zur Welt. Er ist nur fünf Minuten jünger als ich. Hakans Geburt war allerdings wesentlich komplizierter als meine. Die anwesenden Ärzte, Schwestern und Hebammen werden diesen Tag wohl nie vergessen, denn etwas so Ungewöhnliches hatte bis dahin noch niemand erlebt: Als der Arzt mit der Geburtszange kam, soll eine hohe Stimme aus Hakans Mutter herausgerufen haben: „Isch komm her ned raus!"

Hakan und Kaya – zwei von vielen türkischen Kindern, die damals in Frankfurt das Licht der Welt erblickten. Und wir sind froh, dass sich unsere Eltern für klassische türkische Namen entschieden haben. Wenn sie nach den Modenamen 1973 gegangen wären, hätte ich „Michael Yanar", „Markus Yanar" oder „Thomas Yanar" geheißen – wenn nicht sogar „Nicole Yanar"!

FACT BOX

Erlaubte Vornamen in der BRD
Wunibald, Pumuckl, Dankrad

Erlaubte Vornamen in der DDR
Sozialinde, Planhold

Beantragter (und abgelehnter) Vorname im „Dritten Reich":
Stahlhelmine

Alle Eltern werden es bestätigen: Ein Kind verändert das Leben komplett! Das galt vor allem für meinen Vater. Spätestens als mein Bruder und ich auf der Welt waren, kam er überhaupt nicht mehr mit! Er musste zwangsläufig Kontakt zu anderen Eltern aufnehmen, und es war für ihn eine verkehrte Welt, die er da kennenlernte – eine Welt, in der *Väter* die Kinder wickelten und die *Mütter* die Schnauzbärte trugen!

In dieser verdrehten Welt versuchte mein Vater, für sich und seine Kinder etwas von dem zu bewahren, das ihm vertraut war, und das war seine Sprache: Er wollte mit uns Kindern zu Hause Türkisch sprechen. Das funktionierte nicht besonders gut, denn mein Türkisch war immer schon schlecht. Lange Zeit dachte ich, „Ankara" wäre die Bezeichnung für eine regenfeste Outdoor-Jacke mit Kapuze!

Mein Vater schimpfte oft mit mir: „Kaya, die Türkei ist deine Heimat. Du bist Türke, du bist kein Deutscher! Sprich Türkisch!"

„Ja, Papa!"
„DAS HEISST: EVET, BABA!"
„Okay, Papa."
„AAAAAAAAH!"

Wenn meine Mutter nicht dazwischengegangen wäre, hätte ich mir wahrscheinlich eine international verständliche Ohrfeige eingefangen!

Obwohl mein Vater genau wusste, dass ich kaum Türkisch verstand, schimpfte er oft auf Türkisch mit mir: „Eschol eschek!"

Und ich stand nur da: „Hund? Katze? Maus? .... Mama, was sagt der? Kannst du das übersetzen?"

Meine Mama übersetzte es mir: „Kaya, er sagt, du seist der Sohn eines Esels!" Ich empfand das damals schon als ungewöhnliche Beschimpfung - vor allem wenn sie aus dem Mund des Vaters vom Sohn eines Esels kommt!

Als mein Vater bemerkte, dass mein Türkisch selbst für seine Beschimpfungen nicht reichte, probierte er es auf Deutsch - komischerweise war das für mich fast genauso schwer zu verstehen!

Denn mein Vater war zwar ein studierter und gebildeter Mann, aber mit der deutschen Sprache hat er sich immer schwergetan. Und ich kann es verstehen: Wer nicht mit der deutschen Sprache aufgewachsen ist, kann sie nur sehr schwer erlernen. Das ist nicht so einfach wie Englisch: Da hat man das Schwierigste hinter sich, wenn man die Worte „Yes", „No", „Coke" und „Fuck" unfallfrei aufsagen kann! Zumindest bin ich als Schüler mit diesem Vokabular ohne Probleme drei Wochen durch England gekommen.

Aber für Menschen, die nicht in Deutschland geboren und aufgewachsen sind, ist die deutsche Sprache, wie mein Vater sagen würde: „Arsch!" Mein Vater konnte so schlecht Deutsch sprechen, dass er mich noch nicht mal richtig auf Deutsch beleidigen konnte! Wenn er es trotzdem versuchte, musste ich immer lachen – was ihn natürlich noch mehr verärgerte!

Wenn ein Deutscher sein Gegenüber beleidigen möchte, dann sagt er „Trottel", „Depp" oder „Blödmann". Mein Vater konnte das nicht. Wenn er mich beleidigen wollte, sagte er: „Was gibt's, du Arschkopf?"

„Arschkopf." Großartig! Poesie pur! Und natürlich zum Schreien komisch! Am liebsten würde ich meinem Vater für „Arschkopf" den deutschen Comedy-Preis verleihen! Wir zwei „Arschköpfe", also mein Bruder und ich, haben meinen Vater oft extra geärgert, nur damit wir etwas zu lachen hatten: „Kommt heute was Lustiges im Fernsehen, Erkan?"

„Nö, Kaya."

„Okay, dann lass uns Papa ärgern!"

Mein Vater war unglaublich streng – aber in Verbindung mit „Arschkopf" wurde jede seiner Drohungen zur Lachnummer. Also haben wir ihn mit seinem schlechten Deutsch verarscht – das war unsere Rache für seine Strenge: „Papa, darf ich ins Kino?"

„Ich geb dir gleich Kino!"

„Danke, dass du mir gleich ein ganzes Kino gibst!"

An einem anderen Tag probierte mein Bruder die gleiche Masche – mit Erfolg: „Papa, kriege ich ein Fahrrad?"

„Ich geb dir gleich Fahrrad!"

„Das muss nicht gleich sein – das reicht auch Weihnachten!"

Irgendwann hat mein Vater uns durchschaut, und er hat mich schlimm zurückverarscht. Ich war sieben Jahre alt – ein Alter, in dem Kinder permanent Fragen stellen, die ihre Eltern nicht beantworten können: „Was sind Wolken?", „Kommen Tiere in den Himmel?", „Warum gucken alle Leute ›Dallas‹?" oder „Wie viel wiegt Dänemark?"

Und bei einer dieser Fragen hat er mich erwischt. Ich fragte ihn: „Papa, ich weiß, ich bin ein Junge, aber darf ich auch mal mit Puppen spielen?" Und er antwortete: „Klar darfst du das! Aber erst, wenn du alt genug bist, um sie selber aufzublasen!" Seitdem lache ich nicht mehr, wenn mein Vater mich „Arschkopf" nennt!

Damit wir uns nicht falsch verstehen: Ich habe meinen Vater geliebt! Er war ein toller Papa, aber er war auch streng – sehr streng. Türkische Väter sind strenger als deutsche Väter. Das weiß ich aus eigener Erfahrung. Ein Lieblingsspruch meines Vaters war: „Ey, wenn du das kaputtmachst, mach ich dich kaputt!"

Dieser Ausspruch kommt definitiv autoritärer rüber als das deutsche Pendant: „Du, Moritz-Ansgar, das war jetzt zwar *meine* Lieblingstasse gewesen, die du da deiner Schwester an den Kopf geworfen hast, aber Schwamm drüber, du!" Bei dem Spruch „Wenn du das

kaputtmachst, mach ich dich kaputt" macht man sich als Kind schon mal vor Angst in die Hose – und kriegt zusätzlich noch Ärger mit der Mama, die das Zeug wieder rauswaschen muss!

Ich erinnere mich noch genau an den Tag, an dem ich zum ersten Mal den Unterschied zwischen deutschen und türkischen Vätern bewusst wahrnahm! Bis dahin hatte ich gedacht, dass alle Väter ihre Kinder „Arschkopf" nennen, ihren Kindern „Kino geben" und sich beim Scrabble freuen, wenn sie dreimal hintereinander das „Ü" ziehen. Aber dann stellte ich fest: Andere Väter sind anders als mein Papa!

Ich war ungefähr fünf Jahre alt und spielte mit meinen Kumpels Hakan, Ranjid und Francesco im Sandkasten. Alles war damals schon so wie heute: Francesco baggerte erfolglos die anderen Mütter an („Isse stehe auf Signoras mit Erfahrung!"), Ranjid hing stundenlang auf der Wippe in der Luft, während auf der anderen Seite seine Kuh Benytha saß (die damals natürlich noch ein

Kälbchen war), und auch Hakan war schon genauso wie heute, nur dass er mit dem Dreirad unterwegs war - und nicht mit dem Dreier! Hakan hatte einen Sandkuchen gebacken. Gut, das ist nichts Ungewöhnliches, das machen andere Kinder auch. Aber Hakan bestand darauf, dass man ihn auch probierte: „Guckt ihr hier - krasser Sandkuchen. Ranjid, aufessen!"

Aber Ranjid stand der Sinn nicht nach Sandkuchen: „Nö, danke! Keinen Hunger ..."

„FRISS!"

„Na gut!"

Und Ranjid stopfte sich das Zeug in den Mund. „Das hat gar nicht so schlecht geschmeckt", erinnert sich Ranjid heute, „es fehlte nur ein bisschen Curry!"

Punkt sieben Uhr abends mussten alle Kinder zu Hause sein, denn sieben Uhr war Abendessenszeit in Deutschland, egal, ob für Deutsche, Türken, Italiener oder Inder. Die Mütter hatten üppig gekocht (Ranjids Mutter konnte ja nicht wissen, dass ihr Sohn schon drei Kilo Sand intus hatte), und warteten nun auf ihre Kinder.

Aber Kinder haben ein anderes Zeitgefühl. Für die ist sieben keine Uhrzeit, sondern eine Tätigkeit im Sandkasten! Auf gut Deutsch (sorry, Papa, aber „auf gut Türkisch" wäre hier einfach falsch): Wir trödelten!

Um Viertel nach sieben kam die Vorhut: die Mütter! Arabische Mütter, spanische Mütter, italienische Mütter, deutsche Mütter, und natürlich die beste Mutter der Welt: meine Mutter! Sie setzten zu ihren typischen Rufen an:

„Jürgen!"

„Manfred!"

„Conny!"

„Svea!"

„Ahmet!"
„Annika!"
„Aishe!"
„Roberta!"
„Philippa!"
„Thomas!"
„Kai-Uwe!"
„Pedro!"
„Steffi!"
„Kaya!"
„Erkan!"
„Francesco!"
„Ranjid!"

„Hakan! Du Arsch!"

Achtzehn Kinderköpfe schauten kurz hoch und sahen ihre Mütter am Rand des Sandkastens stehen. Hakan wusste sofort, was zu tun war: „Konkret weiterspielen!"

Und das taten wir. Um halb acht wurde es dann ernst: Da kamen die Väter! Arabische Väter, spanische Väter, italienische Väter, deutsche Väter – und natürlich der strengste Vater der Welt: mein Vater! Sie riefen nicht – sie schauten nur durch ihre zu Sehschlitzen zusammengekniffenen Augen. Wie im Western! Sie scharrten mit den Hufen und schwiegen. Eiskalt. Es trat Totenstille ein. Man hörte nur den Wind – und Benytha, die gerade einen riesigen Kuhfladen in den Sand setzte. Dann begannen die Väter wie auf Kommando loszubrüllen, und jedes Kind sprang panisch auf, packte wortlos sein Eimerchen und sein Schäufelchen und rannte angsterfüllt zu seinem Papa, der den Jungen sofort am Handgelenk griff und Richtung Ausgang zerrte.

Nur der deutsche Vater brüllte nicht. Und damit bewies er mir, dass deutsche Väter anders sind als türkische. Denn der deutsche Vater stand ganz ruhig da und sagte: „Kai-Uwe kommst du mal her? Nein, ich renne dir *nicht* hinterher! *Du* kommst zu *mir*!"

Kai-Uwe kam tatsächlich angedackelt. Und dann folgte der Satz, den ich bis an mein Lebensende nicht vergessen werde; ein Satz, wie er niemals über die Lippen eines türkischen Vaters kommen würde; ein typisch deutscher Satz: „Kai-Uwe, wir müssen reden!"

Hakan meint:

„Ich fühle mich noch konkret zu jung, um Papa zu werden! Darum hab ich immer krasse Verhütungsmittel dabei: Meine Haargummi! Und so funktioniert de Scheiße: Wenn die Frau Sex will, mach ich meine Haare auf – und sie rennt lachend aus de Schlafzimmer raus! Kein Sex, keine Kinder! Konkret ohne Nebenwirkungen – und 100 Prozent sicher!"

Kai-Uwe war vier Jahre alt! Was sollte der reden? „Papa Hunga habe?" „Papa A-A macht?" „Nicht ohne meinen Anwalt?" Wir anderen Kinder waren total geschockt – und unsere Väter auch!

„Die wollen *was* machen?"

„Keine Ahnung, ich hab 'reden' verstanden! Aber das kann ja nicht sein!"

„Was ist das: 'reden'? Ist das so was wie Folter?"

„Na ja", habe ich mir gedacht, „man kann ja mal was Neues probieren", und ich zog meinen Vater am Ärmel und sagte: „Papa, wir müssen reden!" Seine Antwort hätte ich mir auch denken können: „Ich geb dir gleich reden!"

Alles in allem war ich aber sehr zufrieden mit meinen Eltern. Ich lebte gern mit ihnen zusammen. Mit beiden. Gleichzeitig. Das muss man den jungen Leuten heute erklären: Früher kam es vor, dass Eltern zusammenlebten, in ein und demselben Haus! So wie es ursprünglich mal gedacht war.

Nicht umsonst gibt es vom Wort „Eltern" keinen Singular. Ich finde es wichtig, mit beiden Elternteilen aufzuwachsen. Ich kenne Menschen, die nur beim Vater aufwuchsen – denen fehlt was: Die wissen nicht, dass man Socken auch *wechseln* kann. Dafür kennen sie die Namen sämtlicher Ersatztorhüter von Eintracht Braunschweig seit 1966 auswendig und können zur Not mit einer Tiefkühlpizza und einem Kasten Bier vier Wochen lang überleben.

Und diejenigen Kumpels, die nur von ihrer Mutter erzogen wurden, haben auch einen an der Waffel: Die können zwar tolle Salatsoßen machen und Spannbettlaken falten, aber wenn sie eine Glühbirne auswechseln

FACT BOX

Der Islam kennt verschiedene Gründe, aus denen eine Ehe geschieden werden kann. Frauen können als Scheidungsgrund mangelnden finanziellen Unterhalt seitens des Ehemanns sowie sexuelle Vernachlässigung angeben: Nach drei sexfreien Monaten ist es der Frau gestattet, die Scheidung einzureichen. Während Frauen allerdings Klage beim Richter einreichen müssen, genügt Ehemännern das formlose dreimalige Aussprechen der Scheidungsformel – oder wie Hakan sagen würde:

„Tschüss! Good bye! Auf Wiedersehen!“

Grundsätzlich erlaubt der Islam – im Gegensatz zur katholischen Kirche – auch Scheidung auf gegenseitiger Einwilligung: Wenn Mann und Frau nicht mehr miteinander leben wollen, können sie sich ohne Probleme scheiden lassen.

Im Christentum stellt sich die Sachlage wesentlich komplizierter dar: Neben der ausgesprochen selten genehmigten Scheidung wegen nicht vollzogener Ehe (nach dem Motto: „Wer nicht poppen will, muss fühlen!“) ist eine Scheidung nur unter folgenden Umständen möglich: Wenn sich von zwei ungetauften Eheleuten einer taufen lässt, und der andere akzeptiert den christlichen Glauben nicht, dann kann der getaufte Ehepartner einen anderen getauften Menschen heiraten und somit seine erste Ehe annullieren. Das ist so kompliziert wie es klingt.

Darum mein Tipp an alle Verliebten: Vor der Hochzeit schnell zum Islam konvertieren!

müssen, rufen sie vorsichtshalber erst mal beim Technischen Hilfswerk an.

Meine Eltern haben es verhältnismäßig richtig gemacht. Sie haben sich zwar auch getrennt, aber erst, als mein Bruder und ich die wichtigsten Lebensgrundlagen bereits begriffen hatten. Meine Eltern sind keine Ausnahme. Scheidung ist bei Türken total in. Seit 2005 ist laut türkischem Familiengericht die Scheidungsrate um 40 Prozent gestiegen. 40 Prozent! Davon können die meisten DAX-Unternehmen nur träumen!

Ich habe aus der Geschichte meiner Eltern gelernt. Im Guten wie im Schlechten. Die guten Dinge will ich übernehmen, und die schlechten vermeiden.

Darum ist für mich Scheidung absolut kein Thema – zumindest solange ich noch ledig bin!

KAPITEL 2

Schule

„Das ist kein epileptischer Anfall – ich tanze nur meinen Namen!"

Ranjid an seinem ersten Schultag in der Waldorfschule

Schule ist ein bisschen wie Akne – jeder Jugendliche hat damit zu tun, und jeder ist froh, wenn es endlich vorbei ist. Ich kenne Menschen, die sind so ungern zur Schule gegangen, dass für sie TV-Serien wie *Unser Lehrer Doktor Specht* unter die Kategorie „Horrorfilm" fallen. Andere vergleichen Schule eher mit dem Gefangenenlager Guantanamo – nur, dass bei der Schule die UN leider nicht die sofortige Schließung fordert! Aber die Szenen sind ähnlich – sobald der Lehrer sagt: „Hefte raus! Vokabeltest!", bricht der erste Schüler schreiend zusammen: „Nicht weitermachen! Ich gebe alles zu – *ich* bin die Maschine geflogen!"

Deutschland ist ein freies Land. Niemand wird gezwungen, am Nationalfeiertag bunte Troddeln schwenkend über einen großen Platz zu marschieren. Niemand muss angsterfüllt flüstern, wenn er Schlechtes über die Bundeskanzlerin sagt – mit Ausnahme von Joachim Sauer, dem Ehemann der Bundeskanzlerin. Man kann sich den Fußballverein aussuchen, die Religion, ja sogar das Geschlecht. Aber man kann sich nicht alles aussuchen: In Deutschland herrscht Schulpflicht! Ob man will oder nicht – jeder muss zur Schule gehen. Und das ist auch gut so, denn wo sollte man mit den vielen ungebildeten jungen Menschen hin? So viele Casting Shows kann es gar nicht geben!

Also verbringen die jungen Deutschen den Großteil ihrer Jugend in der Schule. Sie sollen dort fürs Leben lernen. Und da muss ich meinem Kumpel Hakan Recht geben, der immer sagt:

Hakan meint:

„Fürs Leben lernen? Da brauchst du nicht de krasse Fächer Musik, Erdkunde und Scheiße Sozialwissenschaften – da brauchst du konkret die Fächer Kick-Box, Kopfnuss und Perle klarmachen!"

Für viele Kinder ist die Vorstellung, in die Schule gehen zu müssen, eine einzige Quälerei. Ich war da anders: Ich habe mich schon als Kindergartenkind auf die Schule gefreut. Ich habe schon im Alter von fünf Jahren mit meinen *Star Wars*-Figuren „Schule" nachgespielt: Auf dem Schulhof meiner Fantasie haben Han Solo, R2-D2, Obi Wan-Kenobi und ich Gummitwist gespielt. Ich habe mit Yoda heimlich hinter der Turnhalle meine erste Zigarette geraucht, und ich habe Prinzessin Leia an den Haaren gezogen – schließlich sind auch Prinzessinnen nichts weiter als besser angezogene Mädchen. Luke Skywalker war mein Klassenlehrer, und Darth Vader ging für mich zum Elternabend und röchelte: „Ich bin Kayas Vater, Luke!"

Ich konnte es gar nicht abwarten, zur Schule zu gehen. Ich hätte gerne wie ein Strafgefangener Striche in meine Zimmerwand geritzt und die Tage bis zu meiner Einschulung gezählt – aber leider konnte ich noch nicht zählen.

Meinen ersten Schultag habe ich mir immer so vorgestellt: Die Sonne scheint, die stolzen Großeltern kommen zu Besuch, die ganze Familie bringt den kleinen, süßen Kaya zum Schuleingang, der kleine, süße Kaya wird mit Geschenken überhäuft, er schnuppert gierig an der Riesentüte (die Kiffer wissen, wovon ich rede), lächelndes Lehrpersonal tänzelt mit den Kleinen in den bunt geschmückten Klassenraum ...

In Wirklichkeit bin ich mit der Straßenbahn hingefahren, weil es in Strömen regnete, keiner aus meiner Familie war dabei, und ich hatte das Gefühl, das Einzige, was ich zum Schulstart bekommen habe, waren Läuse und eine fette Erkältung! Aber das war natürlich übertrieben. Selbstverständlich bekam ich eine Schultüte.

Das bin ich an meinem ersten Schultag. Die Tüte war voll mit Süßigkeiten. Dabei hatte ich mir nichts sehnlicher gewünscht als einen Gutschein für eine Jungs-Frisur!

Alles in allem war die Grundschulzeit für mich relativ harmlos: Es wurde viel gesungen, alle hatten sich lieb, und die Brüste der Lehrerinnen waren damals noch weniger interessant als Playmobil-Ritter. Auf den Klos wurde noch gekackt statt geraucht, und auf dem Schulhof gab es noch richtig altmodische Schlägereien – ganz ohne Waffen! Es war eine Zeit der Reinheit und der Unschuld: Wir Jungs konnten beispielsweise damals Geburtstagspartys ganz ohne Mädchen feiern, ohne gleich als schwul zu gelten. Allerdings haben wir Jungs auch penibel darauf geachtet, dass es beim Flaschendrehen nicht zum Äußersten kam.

In der Grundschule hatte ich übrigens auch die ersten Erfolge als Komiker: Mein größter Lacherfolg war der Versuch, beim Sportunterricht über das Pferd zu kommen!

Ich gebe zu: Sport gehörte nicht zu meinen Lieblingsfächern. Und ich war nicht der Einzige, dem das so ging. Es gab eine Menge Klassenkameraden, die sich Schöneres vorstellen konnten, als in knappen Leibchen an Ringen zu hängen oder Medizinbälle durch die Gegend zu rollen. In der Grundschule blieb uns nichts anderes übrig, als trotzdem am Sportunterricht teilzunehmen, aber später im Gymnasium entwickelten ich und viele meiner Mitschüler eine blühende Fantasie, wenn es darum ging, der Turnhalle fernzubleiben: Plötzlich grassierte in unserem Kurs ein sehr seltenes, temporales Asthma, das jede noch so leichte sportliche Betätigung lebensgefährlich machte! Die Krankheit war übrigens hoch ansteckend!

Bei einer anderen Gelegenheit trat in meiner Klasse plötzlich vermehrt unheilbarer Bluthochdruck auf. Meistens begann er wenige Minuten vor der Sportstunde und hielt exakt 45 Minuten an. Mediziner hätten vor einem Rätsel gestanden!

Die Mädchen in unserer Klasse hatten – was weltweit einmalig war – bis zu viermal im Monat ihre Periode! Einige glaubten an eine blöde Ausrede, andere an ein biologisches Wunder!

Und ob es die Sportlehrer glaubten oder nicht: Die Evolution war extrem gnadenlos und machte auch vor unserer Klasse nicht halt! So unglaublich es klang, es war die reine Wahrheit: In unserer Klasse menstruierten auch die Jungen!

Zu unserem Glück war unser Sportlehrer extrem

leichtgläubig, was zur Folge hatte, dass die Sportkurse zeitweise sehr dünn besucht waren. Beim Hallenfußball konnte oft noch nicht einmal fünf gegen fünf gespielt werden, sondern nur eins gegen eins. Und das auch nur, wenn der Lehrer mitkickte!

Aber eines Tages bekamen wir einen neuen Sportlehrer, und dem konnten wir nichts mehr vormachen. Er gab uns glasklar zu verstehen, dass er keine faulen Ausreden duldete. Sein Credo war: Für jedes Wehwehchen gibt es ein Gegenmittel. Sicherheitshalber verteilte

FACT BOX

Gegen Asthma und Atembeschwerden werden in Indien lebendige Fische verschluckt. Eine andere indische Heil-Methode gegen Atembeschwerden ist „Rubber Neti“: Dabei wird ein Stück Schlauch durch ein Nasenloch in die Mundhöhle gesteckt und dann hin- und hergezogen.

Bei Unterleibsschmerzen und Husten empfiehlt man in China, immer wieder einmal eine Hand voll lebender Baumfrösche zu schlucken.

Rund ein Drittel der Erwachsenen in Deutschland leidet unter Bluthochdruck. Der brasilianische Gesundheitsminister empfiehlt als Gegenmittel Geschlechtsverkehr, allerdings nur, wenn verhütet wird. Denn die Folgekosten dafür werden von keiner Krankenkasse übernommen!

der neue Pädagoge unter allen Schülern ein Infoblatt mit internationalen Heilmethoden. Und diese Methoden waren zum Teil so absonderlich, dass wir lieber gar keine Krankheiten mehr vortäuschten und lieber schön brav mitturnten.

Oft wird ja Kritik laut, dass Schule weltfremd sei und dass die Schüler nur Dinge lernen würden, die sie später im wahren Leben nie wieder brauchen. Die Kritik ist nicht ganz falsch. Das Einzige, das ich zum Beispiel in der Grundschule gelernt habe, war nämlich die Lektion, dass Kakaoflecken unheimlich schlecht aus weißen T-Shirts rausgehen. Eine Lektion, die mir komischerweise seit Jahrzehnten nicht mehr in der Praxis geholfen hat. So viel zum Thema „Fürs Leben lernen".

Es dauerte über 20 Jahre, bis ich kapierte, dass die Menschen über mich lachen – und nicht über mein T-Shirt

Nach der Grundschule stellten meine Eltern sich die Frage: Auf welche Schule sollen wir den Jungen schicken? Realschule? Gymnasium? Gesamtschule? Oder - wie ich vorgeschlagen hatte - Mädcheninternat? (Brüste waren mittlerweile interessanter geworden als Playmobil-Ritter.)

Meine Eltern überlegten hin und her. Und taten sich schwer. Die Auswahl an verschiedenen Schulformen überforderte sie. Zu Hause in der Türkei hatte es nur zwei Möglichkeiten gegeben: Dorfschule oder Dorfdepp.

Aber meine Eltern waren offen für neue Wege. Mein Vater ging mit mir sogar zu einem Informationsnachmittag der Waldorfschule. Es war ... interessant! Nachdem zwei in unförmigen Strickwaren gefangene Menschen – vermutlich waren es Frauen, und vermutlich waren sie die Lehrerinnen – die pädagogischen Grundlagen der Schule in ein Stück Holz geschnitzt hatten, sollte mein Vater seinen Namen vortanzen. Das Ergebnis sah selbst für mich nicht nach „Guten Tag, mein Name ist Edip Yanar” aus, sondern eher nach „Wenn ihr Arschköpfe mich auf den Arm nehmen wollt, dann müsst ihr schon früher aufstehen”. Mein Vater nahm mich an der Hand, umarmte noch schnell einen Baum und sagte ihm: „Buche, glaubst du mir – der Junge kommt aufs Gymnasium!”

So kam ich 1983 ins Heinrich-von Gagern-Gymnasium in Frankfurt, und wenn ich damals schon gewusst hätte, was mich dort erwartete, dann hätte ich mich sofort für die Hauptschule entschieden – für eine Karriere als Fernsehstar hätte das allemal gereicht!

Auf dem Gymnasium hatte ich es richtig schwer, denn ich läutete eine neue Phase in meinem Leben ein. Bis dahin war mir das Lernen sehr leichtgefallen, und ich hatte in der Grundschule immer ordentliche Ergebnisse erzielen können, sieht man mal von dem Topf-

FACT BOX

Einwohner pro Waldorfschule:

Niederlande: 174.000
Schweiz: 220.000
Deutschland: 368.000
China: 1.300.000.000

Nepal hat doppelt so viel Waldorfschulen wie China – nämlich 2!

lappen ab, den ich in der zweiten Klasse gehäkelt hatte und den meine Mutter Weihnachten laut lachend aus dem Fenster warf. Die Lehrer waren zufrieden mit mir, ich selbst war zufrieden mit mir – doch auf meinem ersten Gymnasialzeugnis stand statt einer Drei in Rechnen eine Fünf in Mathematik!

Ich war schlecht geworden! Verdammt schlecht!

Das lag zum einen daran, dass es Dinge gab, die meine Aufmerksamkeit mehr fesselten als Rechenaufgaben: Die Mädchen in der Klasse waren in meinen Augen plötzlich nicht mehr doofe, zickige Hühner, sondern doofe, zickige, aber verdammt scharfe Hühner!

Zum anderen hatte ich Probleme mit den damals schwer angesagten Textaufgaben: Sie wollten Praxisnähe vorgaukeln und den Eindruck erwecken, man lerne fürs Leben. Statt der klaren, unmissverständlichen Rechenaufgabe „(4 + 3) x 2", wie ich sie in der Grundschule gestellt bekommen hätte, hieß es nun: „Drei Bauarbeiter stehen auf einem Baugerüst und arbeiten."

Das war schon mal totaler Schwachsinn. „Drei Bauarbeiter sitzen auf einem Baugerüst und pfeifen einem Mädchen hinterher" hätte ich ja noch verstanden. Aber *arbeiten*? Völliger Quatsch! Es ging genauso realitätsfern weiter: „Vier weitere Bauarbeiter kommen dazu."

Drei plus vier ... sieben Bauarbeiter? Auf *einer* Baustelle? Schon mal was von „Überbesetzung" gehört? Und was würde als Nächstes für ein unrealistischer Quatsch kommen? Vielleicht „Alle sieben Bauarbeiter arbeiten auf Lohnsteuerkarte"?

Das mit der Lohnsteuerkarte kam nicht, aber der Schwachsinn näherte sich trotzdem seinem Höhepunkt: „Jeder der Bauarbeiter trinkt in der Mittagspause zwei Becher Kaffee – wie viele Becher Kaffee trinken sie insgesamt?"

Ich war immer gut im Kopfrechnen, also zeigte ich auf und sagte: „14 Flaschen Bier!"

Das fand meine Lehrerin weniger lustig. Und ich will es nicht ausschließlich am mangelnden Humor meiner Lehrerin festmachen, aber mit Sicherheit hat dieses Humordefizit zu meinen schlechten Mathematikzensuren beigetragen.

Ein weiterer Grund für mein schlechtes Abschneiden waren meine Mitschüler, denn die waren leider genauso doof wie ich! Obwohl schlechte Leistungen nicht automatisch bedeuten, dass man doof ist! Es kann sein, dass man lernunwillig ist, oder ein bisschen faul, oder

Der Ranzencheck:

Inhalt von Kayas Ranzen: Mäppchen, Lineal, Hefte, Brotdose

Inhalt von Francescos Ranzen: Mäppchen, Rosen, Pralinen, Kerzen

es interessiert einen nicht, oder man kann sich nicht konzentrieren ... ich war wahrscheinlich der einzige Schüler in ganz Hessen, auf den alle Erklärungen gleichzeitig zutrafen!

Ich habe mir damals gesagt: „Kaya, wenn du nicht so gut bist, dann machst du was ganz Schlaues: Du setzt dich neben einen Klassenkameraden, der besser ist - und schreibst einfach ab!"

Bei uns in der Klasse hatten wir allerdings ein Problem: Bei uns gab's nichts abzuschreiben! Wir waren alle gleich doof! Vor allem in der Reihe, in der ich saß: Denn ich saß zusammen mit Francesco, Hakan und Ranjid!

Der Ranzencheck:

Inhalt von Ranjids Ranzen: Mäppchen, Ersatzpullunder, Curry, Heu für Benytha

Inhalt von Hakans Ranzen: DU GUCKST HIER NED REIN!!!

Wir saßen alle nebeneinander. Ein Duplo-Riegel von Idioten! Aus uns vier Vollpfosten hätte man ein prima Hochbett bauen können! Wir hatten Spaß, wir hatten Freude, wir hatten Bock – aber wir hatten alle vier keine Ahnung!

Bei Klassenarbeiten war es jedes Mal das Gleiche: Ich flüsterte zu meinem Nachbarn: „Pssst, Francesco, hast du eine Ahnung?"

Francesco sah mich verzweifelt an und flüsterte zurück: „Nein, isse habe keine Ahnung, frag isse de Hakan. Pssst, Hakan, hasse du eine Ahnung?"

Hakan reagierte auf seine damals schon so unverwechselbare Art:

„Willst misch krass beleidigen, oder was? Hab isch natürlich konkret keine Ahnung!"

Und dann brüllte Hakan seinem Nachbarn ins Ohr: „RANJID! INDER! HÖRST DU HIER! HAST DU SCHEISSE AHNUNG?"

Nachdem er vor Schreck beinahe in die Hose gemacht hätte und dann stumm wimmernd den Kopf geschüttelt hatte, sprach Ranjid den Letzten in der Reihe an: „Benytha, kannst du mir vielleicht helfen?"

„Muuuuuh!"

Und wenn man unserer Lehrerin glauben darf, war Ranjids Kuh Benytha noch die Cleverste in unserer Reihe!

Ranjid meint:

„Meine Kuh Benytha war in der Schule bei allen Kindern sehr beliebt. In der großen Pause war sie immer von der ganzen Klasse umlagert. Noch beliebter wäre Benytha allerdings gewesen, wenn sie keine Milch gegeben hätte, sondern Kakao!"

Einen weiteren Beweis dafür, wie blöd wir waren, liefert die folgende Geschichte. Einmal kam die Lehrerin auf Francesco zu und sagte: „Francesco, ich möchte wissen, ob du heute in der Stunde aufgepasst hast!" Francesco strahlte über das ganze Gesicht: „Natürlich isse habe aufgepasste, schöne Signorina! Sie habe heute an de rote Büstehalter!" Es gab nur drei Wesen im Klassenraum, die nicht in schallendes Gelächter ausbrachen: die Lehrerin, der arme Francesco – und Benytha!

Auch Ranjids Cleverness wurde von der Lehrerin negativ getestet. Sie wollte einmal von ihm wissen: „Wie heißt das Kleidungsstück, das man am Fuß trägt, wenn es draußen regnet?"

„?"

„Ein Gummistiefel, Ranjid! Was trägt man dann an beiden Füßen?"

„?"

„Zwei Gummistiefel, Ranjid! Jetzt hab ich aber genug. Wie nennt man den Mann, der im Weißen Haus lebt und Millionen von Amerikanern regiert?"

„Hihi! Das ist einfach: drei Gummistiefel!"

Hakan war der Bescheuertste von uns allen: Wir hatten unsere Klassenarbeiten zurückbekommen. Ich hatte eine Drei, Hakan, der direkt neben mir gesessen hatte, eine Fünf. Er war damit nicht einverstanden und meldete sich mitten im Unterricht:

„Lehrerin!! Komm mal ganz kurz her! Guckst du.

Pass auf: Der Kaya hat Note Drei, isch habe krasse Note Funf. Dabei hab isch dasselbe geschriebe wie der!"

„Ja, ja, ich weiß", sagte die Lehrerin. „Kaya schrieb bei Frage vier: „Weiß nicht." Und du hast geschrieben: „Ich auch nicht!"

FACT BOX

Prominente Sitzenbleiber

Christian Wulff, Bundespräsident (einmal sitzen geblieben)
Harald Schmidt, Moderator (einmal sitzen geblieben)
Dirk Bach, Komiker (dreimal sitzen geblieben)
Jürgen Fliege, TV-Pfarrer (dreimal sitzen geblieben) und ...

Daniela Katzenberger (vermutlich gar nicht erst aufgestanden)

Die Blödheit war für uns Jungs aber nicht das Schlimmste – zumindest für mich war sie später sogar Berufsvoraussetzung. Viel schlimmer als die Blödheit war: Wir waren hässlich! Potthässlich! Denn wir alle trugen Brillen! Aber nicht so süße kleine Harry-Potter-Nickelbrillen wie heute! Nein, wir reden von den 80er Jahren! Da trugen wir Brillen, für die man noch richtig Geld bekam – für den Materialwert! Aus dem Glas meiner Brille hätte man fünfzehn Schaufenster machen können! Und das Gestell war kein Gestell – das waren Stahlträger! Die Brille war größer als die ganze Fresse! Wir konnten den anderen Kindern nicht in die Augen gucken – aber nicht, weil wir uns so schämten, sondern weil die schweren Brillen unsere Köpfe nach unten zogen.

Und wovon hatten wir Jungs so schlechte Augen? Richtig: vom Computerspielen. Wir haben jeden Tag

Computer gezockt. Damals gab es aber noch kein augenfreundliches Nintendo DS mit HD, LCD und noch was mit „D". Nein, ich rede von Commodore 64! Mit Datasette! Bei dem man drei Stunden warten musste, bis endlich ein Bild kam! Und das konnte man dann nicht mehr erkennen, weil die Augen bis dahin im Eimer waren! Ein Teufelskreis!

FACT BOX

Das erste Computerspiel der Welt wurde 1958 vorgestellt: Der amerikanische Physiker William Higginbotham präsentierte das Spiel „Tennis for Two", ein Vorläufer des in den 70er Jahren so beliebten Tele-Tennis-Spiels „Pong".

Die Branche hat sich seitdem rasant entwickelt. Heutzutage heißt es bei den meisten Computerspielen leider nicht mehr „Pong", sondern „Peng"!

Die Mädels wollten natürlich nichts von uns Brillenmonstern wissen. Aber wir Jungs untereinander konnten auch nichts mit uns anfangen. Zum Beispiel beim Sportunterricht, beim Fußball:

Beim Wählen der Mannschaften wurde noch die Klappe aufgerissen: „Hey, wähl mich zuerst, mit mir gewinnst du!"

„Wählst du mich, wirst du Weltmeister!"

„Nimm mich, oder ich mach dich platt!"

Doch dann mussten wir die Brillen beim Lehrer abgeben, und das Chaos nahm seinen Lauf:

„Wo seid ihr?"

„Spielen wir schon?"

„Ist es schon dunkel?"

Ich weiß heute nicht mehr, wer gewonnen hat – die Maulwürfe oder die Blindschleichen!

Auch in der Disco war die Brille eher hinderlich. Das erste Mal mit dreizehn in der Disco. Das Problem: Draußen war's kalt, in der Disco war's warm. Was passiert? Richtig: Die Brille beschlägt! Da sieht die Disco ohne Trockeneisnebel aus wie mit Trockeneisnebel! Nehme ich zumindest an – ich hab ja nichts mehr gese-

hen! Ich hab die Mädels immer nur gehört: „Was ist das denn für einer?" Und ich dachte nur: „Ich komm gleich zu euch, Mädels – wenn ich euch finden kann ..."

Spätestens jetzt kann sich jeder lebhaft vorstellen, was sich bei meinem ersten Saunabesuch abspielte. Ich hatte mich so darauf gefreut! Das ist ungefähr so, als würde man wilde Tiere bisher nur aus Büchern kennen, und dann geht man zum ersten Mal in den Zoo! Aber ich musste natürlich die Brille ausziehen – ich hab nichts gesehen! Gar nichts! Keine Löwen, keine Bären und auch sonst nichts! Als ich rauskam, warteten meine Kumpels schon auf mich: „Boa! Hast du die Frau mit den dicken Tüten gesehen?" Das war der Tropfen, der das Fass zum Überlaufen brachte! Seitdem trage ich Kontaktlinsen!

Trotzdem sind wir vier irgendwie durch die schwere Schulzeit gekommen – Hakan hat dafür sogar nur sieben Jahre gebraucht! Ranjid, Francesco und ich haben die 13 Jahre voll durchgemacht und alle weiteren Höhen und Tiefen gemeinsam gemeistert. Von uns dreien hat keiner eine Klasse übersprungen, ist sitzen geblieben oder von der Schule geflogen, und so konnten wir gemeinsam beim Abi-Ball unseren Schulabschluss feiern – und Hakan war als Ehrengast dabei! Der Einzige, der das nicht so lustig fand, war unser ehemaliger Klassenlehrer, denn der kassierte von Hakan noch vor dem Eröffnungstanz eine Kopfnuss dafür, dass er ihn damals mit folgenden Worten von der Schule schickte: „Mittelstufe? Da kommst du ned rein!"

Hakan, Ranjid, Francesco und ich hatten auf dem Abi-Ball eine Menge Spaß. Wir haben große Reden geschwungen, uns ewige Freundschaft geschworen und uns für unwiderstehlich gehalten. Als der Abend schon

FACT BOX

Als erster deutscher Staat führte Preußen 1788 das Abitur ein. Das sogenannte „Abiturreglement“ wurde vom damaligen Kultusminister Karl Abraham von Zedlitz durchsetzt.

Vermutlich sah man schon wenige Jahre später die ersten klapprigen Kutschen durch Preußen fahren, auf denen hinten draufstand: „Abi 1795“.

weiter fortgeschritten war, versuchten wir, unsere allerletzte Chance zu nutzen: Es gab ein paar besonders tolle Mädchen in unserer Stufe, bei denen wir uns all die Jahre nie getraut hatten, sie anzusprechen. Wenn der Ball erst einmal vorbei wäre, würde man sich vielleicht nie wiedersehen. Also zogen wir vier todesmutig los. Die Erfolge waren unterschiedlich:

Ich bekam eine Telefonnummer.

Hakan bekam eine Abfuhr.

Francesco bekam Ohrfeige.

Der Einzige, dem es gelang, tatsächlich mit weiblicher Begleitung nach Hause zu gehen, war ausgerechnet Ranjid.

Aber Ranjid blieb wie immer bescheiden: „Was sollte ich denn tun? Einer musste Benytha ja nach Hause bringen!"

KAPITEL 3

Sprache

„Mein Alter redet nicht gern mit mir. Das letze Wort, was isch konkret von ihm gehört habe, war: 'Geh mir aus dem Weg, du Arsch!'"

Hakan

Sie sind in Religionsfragen intolerant.
Sie fordern ihren eigenen Staat im Staate.
Und vor allem weigern sie sich beharrlich, die deutsche Sprache zu erlernen.

Doch genug von den Bayern!

Das Thema dieses Kapitels ist Sprache. Für mich ist Sprache etwas Wunderschönes. Ohne Sprache gäbe es keine Poesie, keine Kultur und keinen Telefonsex! Liebeserklärungen, politische Diskussionen, Steuerbescheide – ohne Sprache undenkbar!

Ich bin mir auch nicht sicher, ob Tausende von Kaya-Fans in die Hallen strömen würden, wenn ich einfach nur stumm auf der Bühne stehen und zweieinhalb Stunden lang gucken würde wie eine narkotisierte Eule! Diese These habe ich vor ein paar Jahren meinem guten Kumpel Hakan gegenüber vertreten, doch der sagte nur: „Warum nicht? Deine krasse Fernseh-Show hieß ja auch konkret 'Was guckst du?' und nicht 'Was quatschst du?'"

Ich habe das Thema Sprache schon öfter im Freundeskreis diskutiert, nicht nur mit Hakan, sondern auch mit Ranjid und Francesco. Leider bin ich mit meiner Sprachliebe allein geblieben. Denn alle drei Kumpels hatten gute Beispiele dafür, wie es auch ohne Worte geht:

Francesco meint:

**„Pantomime sind wie Liebende:
Sie müsse nicht rede!
Sie können alles sage mit
de Hände!"**

Hakan meint:

„Auch de alte Ehepaare kommen konkret ohne Worte aus. Meine Eltern schweigen sich seit Jahren krass an – natürlich auf türkisch!“

Und selbst Ranjid berichtete kichernd von einer Situation, in der auf Sprache verzichtet wird:

Ranjid meint:

„In Aufbauanleitungen von Ikea gibt es keinen Text. Der einzige Nachteil: Meine selbst aufgebaute Schrankwand sieht nicht aus wie eine Schrankwand, sondern wie drei Rikschas nach einem Auffahrunfall.“

Starke Argumente der drei Jungs, aber natürlich sprechen auch sie von morgens bis abends. Wir vier sind Wort-Typen. Wir reden für unser Leben gern. Ich rede mit meinen Lesern, Francesco redet mit Frauen, Ranjid redet mit Kühen, und Hakan redet mit türkischem Akzent. Wir lieben Sprache!

In letzter Zeit wird Sprache jedoch immer mehr zum Politikum. Die Parteien fordern, dass in Deutschland lebende Ausländer ihre Deutschkenntnisse verbessern sollen, um sich besser zu integrieren. Eine gute Idee! Ich bin sicher, dass das hervorragend funktioniert! Wenn alle Ausländer fleißig Deutsch lernen, heißt es an den Bushaltestellen in Berlin-Neukölln bald nicht mehr: „Gibst du mir die Handy, du Arsch!", sondern: „Bitte ermöglichen Sie gemeinsam mit mir den unbürokratischen Besitzerwechsel bezüglich Ihres Mobiltelefons."

Einige Politiker vertreten folgende Ansicht: Viele Ausländer weigern sich, die deutsche Sprache zu erlernen, weil sie „integrationsunwillig" sind. Das mag auf manche Ausländer auch zutreffen, aber möglicherweise trauen sich viele diese Aufgabe einfach nicht zu! Die deutsche Sprache ist nämlich unheimlich kompliziert. Mir persönlich fiel es leicht, Deutsch zu lernen - ich bin in Frankfurt groß geworden (dafür ist mein Türkisch miserabel!). Aber Menschen, die nicht hier aufgewachsen sind, tun sich schwer. Wenn das Erlernen der deutschen Sprache so einfach wäre, dann hätte mich mein Vater sicherlich öfter einmal „mein Zögling", „der Nachwuchs" oder „mein Stammhalter" genannt, und nicht immer nur „Arschkopf"!

Ein weiterer Ausländer, der mit der deutschen Sprache seine Probleme hatte, war der amerikanische Präsident John F. Kennedy: Er sprach am 26. Juni 1963 in Berlin seinen berühmten Satz „Ich bin ein Berliner", was inhaltlich natürlich vollkommener Quatsch war, denn Johnny kam aus Massachusetts. Vermutlich hatte er nur Hunger und wollte eigentlich sagen: „Ich will einen Berliner!" Ein bedauerliches Missverständnis, aber immerhin besser, als wenn er gesagt hätte: „Ich bin ein Arschkopf!"

Schon der große amerikanische Schriftsteller Mark Twain erkannte die Tücken der deutschen Sprache. 1897 hielt er vor dem Presseclub in Wien einen Vortrag mit dem Titel „Die Schrecken der deutschen Sprache".

Dort forderte er, die deutsche Sprache zu vereinfachen: „Ich würde nur einige Änderungen anstreben. Ich würde bloß die Sprachmethode (...) zusammenrücken; (...) die Einführung von mehr als dreizehn Subjekten in einen Satz verbieten; das Zeitwort so weit nach vorne rücken, bis man es ohne Fernrohr entdecken kann. Mit einem Wort, meine Herren, ich möchte Ihre geliebte Sprache vereinfachen, auf dass, meine Herren, wenn Sie sie zum Gebet brauchen, man sie dort oben versteht."

FACT BOX

Mark Twain hielt seinen Vortrag „Die Schrecken der deutschen Sprache" übrigens auf Deutsch!

Es heißt immer, die Eskimos haben über hundert Wörter für „Schnee" - aber dafür haben sie auch nur eins für „Boris Becker"! Im Deutschen hingegen: „Boris", „Bobbele", „Der Leimener", „Der ehemalige Achtzehnjährige", „Bum-Bum Boris", „Der Rothaarige", „Der jüngste Wimbledon-Sieger aller Zeiten", „Mister Besenkammer", „Papa", „Der männliche Steffi Graf", „Der Depp", „Die Wurst"!

... Wie soll ein Ausländer da durchblicken?

Die Liste der offenen Fragen in Bezug auf die deutsche Sprache ist endlos. Hier eine willkürliche Auswahl:

Warum wird „Kuss" mit zwei „s" geschrieben, „Bus" aber nur mit einem? Weil man für einen Kuss *zwei* Leute braucht, im Bus aber auch *alleine* sitzen kann?

Warum wird Paris Hilton jeden Morgen von ihrem Stylisten *her*gerichtet und nicht *hin*gerichtet?

Warum heißt es „Ich reite einen Esel - schon gestern ritt ich ihn", aber „Ich leite einen Deutschkurs - schon gestern leitete ich ihn?" Warum nicht „litt"? Weil die Schüler schon litten?

Man muss schon sehr fleißig sein, um all die Feinheiten der deutschen Sprache zu verstehen und umzusetzen. Mein Kumpel Hakan hat sich mal die Mühe gemacht und einen Volkshochschulkurs „Deutsch für Ausländer" belegt. Und Hakan musste miterleben, dass sogar der Lehrer den Überblick verlor.

Der Lehrer sagte: „Hakan, konjugieren Sie einen Satz, den Sie im Alltag häufig verwenden!"

Und Hakan legte los:

„Isch haue ihm in die Fresse!

Du haust ihm in die Fresse!

Er/sie/es haut ihm in die Fresse!

Wir hauen ihm in die Fresse!

Ihr haut ihm in die Fresse!

Sie hauen ihm in die Fresse!"

„Unverschämtheit, Hakan! Ich haue niemandem in die Fresse!"

„*Sie* ist 3. Person Plural, du Arsch!"

Deutsche lernen also auch von Ausländern! Wenn das mal nicht ein Anzeichen für gelungene Integration ist! Tatsächlich kann man in Deutschland ein Phänomen beobachten, das Sprachwissenschaftler „Ethnolekt" nennen: Die deutsche Sprache verändert sich durch den Einfluss von Migranten - gerade in Großstädten. Das beginnt mit der Aussprache: Immer mehr junge Deutsche sagen „isch" statt „ich". Selbst Prominente wie Lukas Podolski sprechen so, auch wenn

Poldi das vehement bestreitet: „Das ist so nisch rischtisch!"

Migrationslinguistik-Experten (klingt lustig, gibt es aber wirklich!) beobachten außerdem, dass einfache Satzkonstruktionen von Deutschen übernommen werden. Demnächst schallt es dann über deutsche Spielplätze: „Hans-Hermann, komm essen, Arschkopf!"

Es passiert sogar, dass ganze Vokabeln aus dem Türkischen oder Arabischen übernommen werden. Das arabische „Yalla", das so viel heißt wie „Los geht's!", ist mittlerweile auch bei vielen deutschen Kids weit verbreitet. Und in Berlin ist das altbewährte „aufgeschnittene Brötchen mit Lammgeschnetzeltem" längst durch den türkischen Begriff „Döner" ersetzt worden!

Ich kenne viele, die jetzt auf die Barrikaden gehen und schreien: „Hilfe! Die Ausländer machen unsere schöne deutsche Sprache kaputt! Die Sprache von Goethe! Die Sprache von Thomas Mann! Die Sprache von Axel Schulz! Unsere schöne deutsche Sprache muss geschützt werden!" Schön und gut. Aber wer denkt an die schöne *türkische* Sprache? Türkisch ist nämlich eine sehr kultivierte, angenehme Sprache – wenn man sie beherrscht. Die meisten jungen Türken in Deutschland sind kaum noch in der Lage, ihre Muttersprache zu sprechen – sie reden stattdessen Kanak-Sprak. Wenn diese jungen Türken meinen: „Ich füge dir so lange körperlichen Schaden zu, bis du auf medizinische stationäre Hilfe angewiesen bist", sagen sie: „Isch mach disch Krankenhaus!"

Nicht schön, aber unmissverständlich. Und respekteinflößend. Denn wir Türken haben Kanak-Sprak nur erfunden, um die Deutschen zu beeindrucken. Und das funktioniert! Allerdings *nur* bei Deutschen! Bei uns

Türken wirkt Kanak-Sprak nicht. Wir kennen die Masche ja!

Wenn ein halbstarker, türkischer Junge zu einem deutschen Jungen sagt: „Eh, kommst du her, Arschloch! Isch mach disch Messer!", dann ist der junge Deutsche durchaus beeindruckt: „Ja, nein, das ist ja wohl ... also, da muss man ... wenn der echt bewaffnet ist, dann ..." - und weg ist er!

Nie erlebt man zwei Türken untereinander: „Eh, kommst du her, Arschloch!" Weil der andere Türke dann entweder sagt: „Kommst du selber her, du Arschloch!" Oder aber er ist friedlich und sagt: „Kemal, mein Lieber, ich bin selber Türke - spar dir die Drohgebärden!"

„Du hast vollkommen Recht, Yussuf! Tut mir leid!"

„Nix für ungut, mein guter Kemal! Was wolltest du überhaupt von mir?"

„Isch wollt disch Messer mache!"

Kanak-Sprak wirkt also nur bei Deutschen. Aber bei denen wirkt Kanak-Sprak zuverlässig. Ich beobachte das tagtäglich, egal, ob in Frankfurt, Berlin oder sonst wo - ein deutsches Pärchen schlendert Hand in Hand an ein paar halbstarken Türken vorbei, und schon legen die Jungs los: „Ey, Arschloch, kommst du her! Willst du Döner? Mach isch Döner aus dir!"

Und schwupp - ist das deutsche Pärchen auf der anderen Straßenseite. Und zwar auf die ganz undeutsche Weise - ohne nach links und rechts zu gucken! Einfach rüber! Und dort tuscheln sie: „Nein, Benedikt, das müssen wir uns nicht geben. Nein, nein ..."

„Aber denen haben wir es gezeigt, Gesine! Haben einfach so die Straßenseite gewechselt! Ohne zu gucken!"

„Benedikt, du bist ein Teufelskerl!"

Dabei braucht kein Deutscher Angst vor meinen halbstarken Landsmännern zu haben! Die tun nichts, die wollen nur spielen! Das einzig Gefährliche an denen ist der Klang ihrer Sprache! Wer das nicht glaubt, sollte beim nächsten Mal nach einer Minute nochmal heimlich um die Ecke gucken: „Tehlike önleyici tedbirler ve davrani talimatlari ..."

„Süpürdü ünüzde!"

Plötzlich klingen die vermeintlichen Gewalttäter wie putzige Blumenmädchen auf einer türkischen Hochzeit! Und weil die Kerle wissen, dass die türkische Sprache in deutschen Ohren ungefähr so gefährlich klingt wie die Teletubbies, reden sie halt Kanak-Sprak!

Türkisch klingt für Deutsche wie Comedy. Allein die vielen „Üs"! Dabei ist Türkisch eine wirklich schöne Sprache! Man muss sich nur ein bisschen reinhören.

Zum Einstieg in die türkische Sprache empfehle ich DVDs. Aber keine langweiligen Sprachkurse, sondern ganz normale DVDs – sie müssen nur über eine türkische Tonspur verfügen: Man kann *Stirb langsam* nehmen, *Titanic* ist auch gut, oder man wählt den Lieblingsfilm aller Döner-Freunde: *Das Schweigen der Lämmer*.

Man schaut sich den Film einfach in der türkischen Synchronisation an und gewöhnt sich langsam an den wunderbaren Klang dieser Sprache. Ein kleiner Tipp: Der erste Probelauf sollte allein erfolgen, denn am Anfang klingen die türkischen Dialoge für das ungeübte Ohr schon noch lustig. Und nicht jeder mag es, wenn der Nebenmann bei *Schindlers Liste* vor Lachen in die Sofalehne beißt!

Mein Kumpel Francesco hat auf die gleiche Weise versucht, sein Englisch aufzubessern: Er hat sich seinen Lieblingsfilm im englischen Original angeschaut. Aber anwenden konnte er seine neuen Fremdsprachenkenntnisse nicht. Kein Wunder - wann braucht man im Alltag schon einen englischen Satz wie „Holla - für einen Postboten sind Sie untenrum aber sehr ordentlich bestückt!"?

Ich gucke unheimlich gern DVDs in anderen Sprachen. Aber nicht, um zu lernen, sondern um mich zu amüsieren. *Harry Potter* auf Holländisch? Der Hammer! „Härri Pottjes un det Fierekelkje" - saulustig! Holländisch klingt wie betrunkenes Deutsch! Holländisch ist eine ungemein witzige Sprache! Nur leider vollkommen unerotisch. Über jemanden wie Rudi Carrell lachen? Gerne! Von ihm angebaggert werden? Nein, danke: „Ey, Meisje, lekker Tittjes! Heste Böckje zu poppje?"

Oder vor Linda de Mol die Hosen runterlassen? Ich weiß nicht: „Hoppla, was seh ik da für ein lekker Käs-Spießje!"

Da vergeht einem schnell die Lust! Ich kann Holländisch einfach nicht ernst nehmen. Ein Horrorfilm auf Holländisch - für mich eine undenkbare Kombination! Oder noch besser: ein Terroristenvideo auf Holländisch! Statt in einem Erdloch bei Kabul hockt Osama bin Laden vor einer Windmühle: „Ik hab een Bombje, een lekker Bombje. Ik hab een Dynamitje, und wenn du dat nit maakst, dann druck ik op dat Knöpje!" Zum Schießen!

Sehr interessant finde ich auch Chinesisch! Auch da gibt es von mir eine DVD-Empfehlung: *Tiger and Dragon*. Ein sehr erfolgreicher Film: vier Oscars, zwei Golden

Globes – und für die Mandarin-Version hätte er auch noch den Comedy-Preis verdient!

„Mandarin?", fragt sich jetzt vielleicht der eine oder andere Leser. „Sind das nicht diese kleinen Südfrüchte?" Falsch: Mandarin ist ein chinesischer Dialekt, und auf der DVD *Tiger and Dragon* gibt es die Tonspur „Mandarin". Mandarin ist eine sehr eigentümliche Sprache, weil die Mandarin sprechenden Chinesen die Zähne nicht auseinanderbekommen: Ihre Sprache besteht nur aus Zischlauten. Vielleicht hat Schlemihl in der *Sesamstraße* ja Mandarin gesprochen, als er uns in den 70er Jahren flüsternd Buchstaben verkaufen wollte: „Tssssss – willst du ein B kaufen?"

Ich habe *Tiger and Dragon* auf Mandarin geschaut und musste immer wieder in die Küche rennen, weil ich das Gefühl hatte, der Gashahn ist noch auf: Tssssssss ...

Mein Kumpel Ranjid spricht ebenfalls eine Sprache, die ich nur mit Mühe ernst nehmen kann. Ich meine nicht sein lustiges Deutsch, sondern die Sprache seiner Heimat: Hindi. Hindi ist eine von über 220 verschiedenen Sprachen, die in Indien gesprochen werden. 220 verschiedene Sprachen – also ungefähr so viele wie in einer deutschen Hauptschule!

Hindi hört sich sehr seltsam an. Die Sprache besteht für meine Ohren nur aus „L"- und „R"-Lauten. Was dabei rauskommt, ist ein Gurren. Ein Inder, der Hindi spricht, klingt wie eine Taube. Wenn ich die Augen zumache und jemanden Hindi sprechen höre, dann muss ich mich entscheiden: Kaufe ich ihm eine Rose ab, oder streue ich Taubenfutter aus?

Eine besonders heiße Frage habe ich bis zum Schluss aufbewahrt: Welches ist die erotischste Sprache der Welt? Wir haben gelernt: Deutsch ist es nicht! Türkisch ist es auch nicht! Holländisch ist es erst recht nicht! Und Hindi macht höchstens Tauben scharf.

FACT BOX

Hindi-Wörter in der deutschen Sprache: Bungalow, Shampoo, Dschungel, Punsch, Kajal

Klanglich sind sie weicher als deutsche Wörter: ‚Hacken, Brikett, Dorsch, Kran, Grrrrrrr

Meine Lieblingssprache – und gleichzeitig die erotischste Sprache, die ich kenne – ist Französisch!

Voilà! O la la! L'amour! Je t'aime! Croissant! Citroën! Renault! Chantal! St. Tropez! Cordon bleu! Chantré! Zidane! Carla Bruni (na gut, die kommt aus Italien, aber sie trinkt gern Café au lait) ...

Französisch ist heiß! Französisch ist geil! Französisch ist Porno für die Ohren! Mon dieu! Was für eine rattenscharfe Sprache: „Lieber 'arald. Kannst du mir nicht vielleicht schicken eine Flasche von die Bier, was geprickelt hat in meine Bauchnabel?"

Gut, das ist jetzt kein Schulfranzösisch im klassischen Sinne. Aber es klingt allemal besser als: „Harri – schikkste per Päkkje een Böttelke vum Heineken, det op min Bäuchle prijkeltje?" oder gar: „Harald! Arschloch! Schick mal eins von dem hellen Hefe rüber, was du auf meine Wampe gekleckert hast!"

Ganz zum Schluss habe ich noch einen Tipp für alle

Deutschen, die ihre ausländischen Mitbürger für deren Deutschkenntnisse loben wollen. Jeder kennt das: im türkischen Gemüseladen. Die türkische Kopftuch-Mama wiegt das Gemüse und sagt: „Eine Apfel Kilo kost zehnhundert Centen!"

Und der deutsche Kunde strahlt und brüllt die arme Frau betont akzentuiert an: „SIE - SPRECHEN - SEHR - GUT - DEUTSCH!"

Deutsche! Hört mich an! Es ist sehr nett und sicherlich auch pädagogisch ungeheuer wertvoll von euch, selbst die kleinsten Spracherfolge bei uns ausländischen Mitbürgern zu loben und uns so zum Weiterlernen zu animieren. Und wir freuen uns auch, wenn ihr uns weiterhin lobt - das motiviert ungemein. Wirklich! Aber, liebe Deutsche, warum schreit ihr dabei so? Wir sind zwar Türken, ABER - WIR - SIND - NICHT - TAUB!!!

KAPITEL 4

Körper

„Curioso: Die Deutschen werde immer älter – nur meine Freundinne werde immer jünger!"

Francesco

Wenn man, wie ich, jeden Tag im Rampenlicht steht; wenn man sich permanent auf der Bühne präsentiert oder im Fernsehen auftritt; wenn man sich immer wieder den liebevollen, aber auch kritischen Blicken der Öffentlichkeit aussetzt, dann sollte man ein gesundes, positives Verhältnis zu seinem Körper haben und sich in seiner Haut rundum wohlfühlen.

Sollte man. Muss man aber nicht. Bester Beweis: ich!

Wenn ich mich morgens im Spiegel anschaue, dann fühle ich mich so wie die Suchbilder in den Fernsehzeitschriften: „In diesem Bild haben wir sieben Fehler versteckt."

Nur, dass es nicht sieben Fehler sind, sondern siebenhundert! Und „versteckt" sind sie auch nicht. Zu groß, zu klein, zu kurz ... nichts stimmt! Wo viel sein sollte, wird es immer weniger, und wo es wenig bleiben sollte, wird es immer mehr. Das ist doch ungerecht! Warum werden meine Haare dünner und mein Bauch dicker – und nicht umgekehrt?

Es ist nicht angenehm, wenn das T-Shirt plötzlich spannt – aber immerhin kann man dagegen etwas unternehmen: mit Disziplin beim Essen zum Beispiel. Eine Möhre statt vierzehn Tafeln Schokolade wirkt Wunder! Aber Vorsicht: Beim romantischen Date gehen Pralinen immer noch besser als Rettichscheiben!

Oder aber man macht Sport: Eine halbe Stunde Joggen verbrennt ungefähr 350 Kalorien. Das bedeutet nach einem durchschnittlichen Sonntagabend (*Tatort*, Chips, Bier, Schokoriegel, Bier, *Tagesthemen*, Chips, Bier): Wer nach den Nachrichten nicht sofort ins Bett geht, sondern stattdessen einfach bis zum nächsten Morgen dreihundert Mal um den Häuserblock joggt, der hält trotzdem sein Gewicht!

Oder aber man macht es so wie ich und kauft sich seine T-Shirts ab sofort eine Nummer größer.

FACT BOX

Kalorienverbrauch pro 30 Minuten:

Schlafen: 30 Kalorien
Abwaschen: 115 Kalorien
Küssen: 450 Kalorien
Bügeln: 100 Kalorien
Gebügelt werden: 550 Kalorien

Es gibt auch Zeiten, in denen ich genügend Disziplin aufbringe und meine Kilos ganz traditionell bekämpfe: mit Sport. Ich habe Phasen, da gehe ich regelmäßig ins Fitnessstudio. Eine Stunde auf dem Laufband? Kein Problem! Selbst, wenn das Ding eingeschaltet ist!

Ich komme erst außer Atem, wenn ich vom Training nach Hause komme und meine schwere Sporttasche in die erste Etage schleppen muss! Früher habe ich mich immer gewundert, dass ich im Studio stundenlang Gewichte stemmen, zu Hause aber nur mit Mühe einen Sack Blumenerde die Treppe hochhieven kann. Mittlerweile habe ich verstanden, warum das so ist: Im Treppenhaus stehen keine jungen Frauen in verschwitzten Tanktops neben mir, die ich unbedingt beeindrucken möchte!

Im Fitnessstudio sind junge Frauen in knappen Oberteilen keine Seltenheit. Darum kam eine Zeit lang mein Kumpel Francesco mit zum Training. Während ich auf dem Laufband stand und meine Kilometer runterspulte, saß Francesco an der Saftbar und versuchte, Frauen anzusprechen. Bis er sich dabei einen Riesenärger einhandelte: Stundenlang hatte er an der Bar gewartet. Nichts tat sich. Keine Frauen weit und breit. Nachdem er schon drei Liter isotonische Drinks zu sich genommen hatte, kam ein leicht verschwitzter, durchtrainierter Kleiderschrank mit Oberarmen, die so dick waren wie Francescos Taille, an die Bar, und Francesco sprach ihn an:

„Ciao, Kollege. Isse bin de Francesco. Und du siehst aus, als kennst du dich aus mit heiße Fraue! Was ist heute los? Isse Männertag? Dürfen Signoras heute nisse rein?"

Die Faust, die Francesco vom Barhocker holte, gehörte dem leicht verschwitzten, durchtrainierten Kleiderschrank mit Oberarmen, die so dick waren wie Francescos Taille. Der Kleiderschrank hieß Beate.

Um keine weiteren Missverständnisse aufkommen zu lassen, kündigte Francesco seine Mitgliedschaft im Fitnessstudio und meldete sich in einer Yogaschule an. Dort traf der arme Francesco auf seinen Kumpel Ranjid. Und der hätte seinen italienischen Freund eigentlich warnen können. Hat er aber nicht.

Yoga ist etwas Spezielles. Man muss das mögen. Wenn man die Teilnehmer nach einem Yogakurs beobachtet, haben sie immer einen leicht bekifften Gesichtsausdruck. Ich dachte immer, dass das von den vielen Mantras, Meditationen und „Oms" kommt. Ranjid hat mir aber erklärt, dass dieses Weggetretensein andere Ursachen hat:

Ranjid meint:

„Beim Yoga werden Bereiche gedehnt, die sonst nie gedehnt werden – Bereiche, in denen Luft eingequetscht ist. Und wenn diese Luft nach 40 Jahren rauskommt, macht die lustig, hihihi.“

Was Ranjid sagen will: Beim Yoga wird gefurzt, was das Zeug hält! Die so freigesetzten Gase wirken wie Lachgas. Darum haben alle Yogis nach ihren Übungen immer dieses selige Grinsen im Gesicht. Alle Yogis – außer Ranjid. Denn wer mit einer Kuh zusammenwohnt, der ist immun gegen Pupser von 27-jährigen Grafik-Designerinnen.

Wenn ich mich aufraffe, Sport zu machen, kommt das sofort meiner Figur zugute: Ich nehme zwar extrem schnell zu, aber auch extrem schnell wieder ab. Ein Beispiel: Ich stelle mich eines Morgens auf die Waage. Der Zeiger bleibt zitternd bei einer für meinen Geschmack zu hohen zweistelligen Zahl stehen: fünf Kilo zu viel!

Das ist für mich überhaupt kein Problem. Dann gehe ich einfach ins Schwimmbad und ziehe meine Bahnen – schon sind die fünf Kilo wieder weg!

Doof nur, dass ich nach dem Schwimmen immer Lust auf Pommes habe – denn dann sind die fünf Kilo wieder da, bevor ich wieder zu Hause bin!

Ich esse halt gern. Ich koche nicht gern. Aber ich gehe gern essen. Und ich lasse mich natürlich gern so richtig gut zum Essen *einladen*. Wenn es um gutes Essen geht, kann ich einfach nicht Nein sagen. Ich habe schon Angst, dass eines Tages das Telefon klingelt: „Herr Yanar, hier ist das *Perfekte Promi Dinner*! Wie wär's? Machen Sie bei unserer nächsten Sendung mit? Der Viertplatzierte der sechsten *Big Brother*-Staffel ist auch dabei, außerdem ein Zweitligatorwart, irgendeine Silikontitten-Schlampe und Ex-Arbeitsminister Norbert Blüm!"

„Unverschämtheit! Was glauben Sie denn, mit wem Sie hier telefonieren? Ich bin Kaya Yanar, und nicht irgendein Vorstadtpantomime! Das ist völlig unter meinem Niveau!"

„Die Tittenschlampe macht übrigens ein tolles Risotto!"

„Bin schon unterwegs!"

Ranjids Diät-Tipp

„Fleischfondue geht weniger auf die Hüften, wenn man darauf verzichtet, nach dem Essen den Topf mit dem Fett auch auszutrinken!"

Hakans Diät-Tipp

„Wen ich mal konkret reinhauen will, dann mache ich das nicht beim Essen – dann geh ich in die Disco!“

Francescos Diät-Tipp

„Isse achte bei romantisse Esse immer darauf, dass alles leicht ist: Leichte Weine, leichte Küche, leichte Mädchen ...“

Gegen zu viel Bauch kann man also etwas unternehmen – aber gegen zu wenig Haare? Haare kann man sich nicht antrainieren. Haare sind wie verliehene DVDs: Wenn sie einmal weg sind, dann kommen sie auch nicht mehr wieder.

Wobei es keineswegs so ist, dass ich zu wenige Haare hätte! Ich habe genug Haare – aber an den falschen Stellen! Das sind meine türkischen Gene: Das Haupthaar wird seit ein paar Jahren lichter, aber im Gegensatz zu deutschen Haaren fallen türkische Haare nicht einfach aus. Sie verschwinden zwar auf dem *Kopf*, aber sie tauchen *anderswo* wieder auf. Wenn ein ausgefallenes deutsches Haar überhaupt wieder auftaucht, dann

meistens im Abfluss der Dusche. Türkische Haare dagegen erscheinen an den unmöglichsten Stellen wieder:
Auf den Schultern!
Auf dem Rücken!
In den Ohren!

Türkischen Männern wachsen überall Haare, und sie wachsen schnell: Die meisten türkischen Schnauzbärte sind gar keine Schnauzbärte, sondern zu lange Nasenhaare! Ich habe schon Türken gesehen, die ihre Kopfhörer-Stöpsel nicht mehr entfernen konnten, weil während eines einzigen Lieds das Ohrenhaar um die Dinger herum wuchs und sie für immer mit dem Träger verwob! Und auch ich habe türkische Wurzeln: Ich habe eine so heftige Fußbehaarung – ich könnte einen Hobbit doublen! Wenn ich barfuß über den Strand laufe, fragen sich die Leute: „Wieso trägt der Kaya denn mitten im Sommer Fellstiefel?"

Ich habe überall zu viele Haare! Nur auf dem Kopf werden sie weniger. Und das ist gemein. Ganz ehrlich: Geheimratsecken fände ich wesentlich weniger tragisch, wenn ich sie auf dem Rücken oder in der Nase hätte. Aber mitten auf der Stirn ist das nicht schön. Wieso heißen die überhaupt „Geheimratsecken"? Was ist denn daran bitte geheim? Wie wär's mit „Öffentlichkeitsecken"? Die sieht doch jeder sofort!

Aber was soll ich machen?

Ein Toupet kommt für mich nicht infrage. Die Vorstellung, dass mir eine Frau über den Kopf streichelt und plötzlich meinen Fiffi in der Hand hält, finde ich unerträglich!

Die Seitenhaare rüberkämmen geht natürlich auch nicht, und die radikale Methode - nämlich das bisschen, das noch da ist, komplett abrasieren - taugt für mich überhaupt nicht. Ich will nicht jeden Morgen vor dem Badezimmerspiegel rufen: „Hilfe - ein Skinhead!"

Bleiben also nur noch die klassischen Kopfbedeckungen. Einen Hut finde ich allerdings zu offensichtlich - den tragen schon andere haararme Promis wie Udo Lindenberg, Roger Cicero oder Camilla Parker-Bowles.

Darum erkläre ich jetzt schon mal prophylaktisch: Wenn ich demnächst mit einer Krone auf dem Kopf rumlaufe, dann habe ich nicht meinen Verstand verloren, sondern nur meine Haare!

Wenn ich unterwegs bin und junge Türken sehe, dann frage ich mich: Wie wird es denen später ergehen? Folgen Sie dem Beispiel ihrer Väter? Bekommen sie auch Geheimratsecken, einen Bauch und eine dicke Frau mit Bart? Oder gibt es einen Wandel im Körperbewusstsein meiner Landsleute?

Das ist schon auffällig, wie sehr sich junge Türken und Türkinnen mit ihrem Aussehen beschäftigen. Die Mädels sehen aus, als wären sie aus einem Rapper-Video entsprungen: purer Sex auf Beinen! Sie laufen in Tanktops und Hotpants herum. Und im Sommer tragen sie sogar noch weniger!

Die Haut ist so glatt und weich wie die Ledersitze in einem 3er BMW. Von ihrem ersten selbst verdienten Geld lassen sie sich Augenbrauen tätowieren. Von ihrem zweiten selbst verdienten Geld lassen sie sich die Beinhaare weglasern. Und von ihrem dritten selbst verdienten Geld lassen sie sich die Brüste machen. Meine Eltern haben noch jede Mark, die übrig war, nach Hause in die Türkei geschickt – kein Wunder, dass meine Mama nie so aussah wie Shakira!

Es gibt allerdings Menschen, die noch mehr Zeit auf ihr Äußeres verwenden als türkische Mädels, und das sind türkische Jungs!

Waschbrettbauch, Brillanten im Ohr, Armkettchen, strassbesetzte Klamotten, Frisuren hart wie Motorradhelme, rasierte Brust, von der Sonnenbank schön kross getoastet: Sie halten sich für unglaublich cool – aber nur, weil sich niemand traut, den Jungs mal zu sagen, dass sie aussehen wie farbenblinde Papageien! Solche Typen würden in Köln aus jeder Schwulenbar fliegen – weil zu tuntig! Dann doch lieber Geheimratsecken!

Wobei ich der Meinung bin, dass auch Männer das Recht haben, auf ihr Aussehen zu achten und Kosmetik zu verwenden. Ich benutze zum Beispiel verschiedene Feuchtigkeitscremes. Na und? Solange ich im Restaurant nicht stundenlang mit Bushido vor dem Klospiegel stehe und mir die Wimpern tusche, ist das völlig normal.

Es muss sich halt nur im Rahmen halten. Cremes, Pflegeprodukte oder Maniküre sind für moderne Männer längst kein Tabu mehr. Lippenstift wird bei echten Kerlen hingegen nur bewundert, wenn er sich am Hemdkragen befindet!

Ich bin relativ eitel. Deshalb lebe ich auch gesund: Ich rauche nicht, ich trinke nicht, und ich esse vom Big Mac immer nur die Gurkenscheiben. Ich bin mittlerweile mit meinem Körper im Großen und Ganzen zufrieden.

FACT BOX

Jedes Jahr werden weltweit über 8,7 Millionen Schönheitsoperationen vorgenommen. Dazu kommt noch einmal die gleiche Anzahl an nicht chirurgischen Eingriffen (z.B. Botox).

Gut die Hälfte der Eingriffe entfällt übrigens auf Brigitte Nielsen.

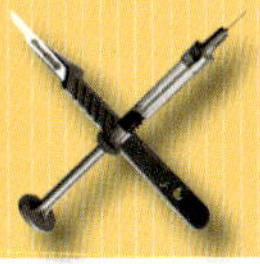

Und trotzdem frage ich mich hin und wieder: Warum sehe ich so aus, wie ich aussehe – und nicht geiler?

In meinem Alter denkt man in solchen Momenten schon mal über eine Schönheitsoperation nach. Ich gebe es zu: Ich habe ein einziges Mal eine Schönheits-OP machen lassen! Danach hatte meine damalige Freundin Körbchengröße 85 D.

Aber an mir selbst? Niemals! Dabei finde ich Schönheitsoperationen völlig okay: wer es sich leisten kann und Spaß daran hat – warum nicht? Viele Menschen unterziehen sich Schönheitsoperationen. Und es werden jedes Jahr mehr.

Jedes Jahr werden 17 Millionen Eingriffe weltweit vorgenommen. Viele Frauen haben heutzutage einen höheren Plastikanteil als Barbie. In Deutschland werden jährlich 25 000 Brust-OPs durchgeführt – also insgesamt an die 50 000 Hupen! Das ist doch klasse! Ehrlich: Ich freue mich, wenn ich ein schönes Dekolleté sehe, auch wenn es nicht echt ist. Das ist mir völlig egal!

Der letzte Schrei sind Eigenfett-Unterspritzungen: Unter die faltige Gesichtshaut wird Fettgewebe eingespritzt, das dem eigenen Körper an einer anderen Stelle entnommen wurde. So geliftete Personen erkennt man also nicht nur an den neuerdings straffen Wangen, sondern auch daran, dass ihr Hintern plötzlich schlabbert.

Ich selber bin viel zu feige, um zum Schönheitschirurgen zu gehen: Ich hätte Angst vor der Narkose. Ich hätte Angst vor der Operation. Ich hätte Angst vor den Schmerzen. Ich bin nicht perfekt, aber ich habe gelernt, damit zu leben. Und wenn ich ehrlich bin, möchte ich morgens im Spiegel Kaya Yanar sehen – und nicht seinen kleinen Bruder!

FACT BOX

Die fünf beliebtesten Schönheitsoperationen (Umfrage unter Frauen):

Falten weglasern
Fett absaugen
Lidkorrektur
Nasenkorrektur
Brustvergrößerung

Die fünf beliebtesten Schönheitsoperationen (Umfrage unter Männern):

Brustvergrößerung
Brustvergrößerung
Brustvergrößerung
Brustvergrößerung
Brustvergrößerung

Freiwillige Operationen sind also nicht meine Sache. Mein Körper mag keine Schmerzen. Zumindest nicht, wenn es nicht sein muss. Im Beruf ist das etwas anderes: Wenn ich beim Slapstick von der Bühne falle, mir zur Erheiterung meines Publikums ein Scheinwerfer auf den Kopf fällt oder sich Cindy aus Marzahn in einer TV-Show versehentlich auf mich draufsetzt - ich lächele!

Wenn ich allerdings bei einer Arztpraxis klingeln muss - und sei es nur, weil der Herr Doktor meine Garageneinfahrt zuparkt -, dann sterbe ich tausend Tode!

Ich bin jetzt 37 Jahre alt. Da häufen sich die Arztbesuche. 37 ist das Alter, in dem der Körper beginnt, sich zu verändern. Bei mir fing es eigentlich schon ab Mitte dreißig an: Die Haare fielen aus, die Knochen wurden schwerer, und morgens beim Aufstehen knarzte ich lauter als das Bett! Plötzlich begann ich, Geräusche zu machen, wenn ich mich nach etwas umdrehte: „Haiiiiiiiii oh!"

Ich klang wie ein Kung-Fu-Meister, der einen Betonklotz zerschlägt. Ich *fühlte* mich aber wie ein türkischer *Comedian*, der versucht, einen Betonklotz zu zerschlagen – und zwar mit der Wirbelsäule!

Aber das wäre alles nur halb so schlimm, wenn mich nicht die Sollbruchstelle des menschlichen Körpers quälen würde, diejenige Stelle, die als Erstes kaputtgeht: Bei Jeans sind die Sollbruchstellen Knie und Reißverschluss, bei modernen Autos ist es die Komfort-Elektronik (Fensterheber, Sitzheizung, Milchaufschäumer), und beim Menschen sind es die Zähne!

Mein Zahnarzt sagt, ich hätte einen zarten Zahnschmelz. Das klingt wie ein Kompliment, ist es aber nicht! Zarte Haut ist prima – zarter Zahnschmelz eine Katastrophe! Ich habe schon immer schlechte Zähne gehabt. Darum gehe ich auch äußerst ungern zum Zahnarzt.

Es gibt sicherlich Menschen, die gern zum Zahnarzt gehen – das ist billiger als eine Domina, und die Ehefrau fängt nicht an zu packen, wenn sie den Termin in seinem Kalender findet. Ich gehöre nicht zu diesen Menschen. Ich bin schon mit sechs Jahren traumatisiert worden. Seitdem zeige ich beim Zahnarzt immer das gleiche Verhalten: Wenn der Zahnarzt mit seinem Bohrer, seinem Kratzhaken oder einer Sonde auf mich zukommt, rutsche ich ganz tief in den Sitz rein. Und bin dann weg. Verschwunden in dem Ritz zwischen Rückenlehne und Sitzfläche. Als ich noch ein Kind war, hörte ich dann gedämpft durch das Kunstleder des Zahnarztstuhls: „Komm raus, Kaya! Das ist doch albern!" Eine eigenartige Situation, aber immerhin war ich vor dem Bohrer sicher. Heute klappt das nicht mehr: Heute bin ich privat versichert – da folgt mir der Zahnarzt in die Ritze!

Ich habe die Vermutung, dass jeder Zahnarzt ein Sadist ist. Wer macht schon so was: Von Schmerzen anderer den eigenen Porsche finanzieren? Und auch die Dramaturgie eines Zahnarztbesuchs lässt darauf schließen, dass der Arzt Spaß am Leiden anderer hat.

Wenn ich die Praxis betrete, rieche ich schon klinisch-antiseptisch den Schmerz, das Leiden und den Tod. Darum lasse ich mir die erste Spritze immer schon von der Empfangsschwester geben, sonst schaffe ich den Weg ins Wartezimmer nicht. Der einzige Nachteil von Spritzen ist, dass ich danach immer labere wie Sylvester Stallone. Aber was macht das schon? Hauptsache, schmerzfrei!

Dann sitze ich im Wartezimmer und habe Angst. Und um mich herum sitzen zehn weitere Opfer ... ich meine natürlich: Patienten, die auch Angst haben. In der Not greife ich sogar zu Frauenzeitschriften und versuche, mich mit Adelsgeschichten, Frikadellenrezepten oder Trendfrisuren abzulenken – doch es hilft nichts, die Bohrgeräusche durchdringen alles! Niemand mag Bohrgeräusche – außer Menschen, die in einem verschütteten Minenstollen auf Rettung warten! Ich will einfach nur raus.

Die nächste Stufe des Schreckens: Die Stimme aus

dem kleinen Lautsprecher aus der Zimmerecke ruft „Herr Yanar, bitte!"

Für einen neuen Pass mit anderem Namen ist es zu spät. Also schleiche ich ins Behandlungszimmer und vermisse plötzlich das Wartezimmer – denn dort hatte ich immerhin nicht alleine Angst. Ich hätte ja Händchen halten oder mir mit einem Teelöffel einen Tunnel graben können – hätte, hätte, hätte!

Die folgenden 20 Minuten sitze ich allein dort, mit einem Lätzchen an einer Metall(!)-Kette an den Zahnarztstuhl gefesselt und schaue mir die Instrumente des Schreckens an: Bohrer, Haken, Zangen ... ich habe nie nachvollziehen können, was an Baumärkten so faszinierend sein soll! Ich habe Zeit genug, mir die Schmerzen

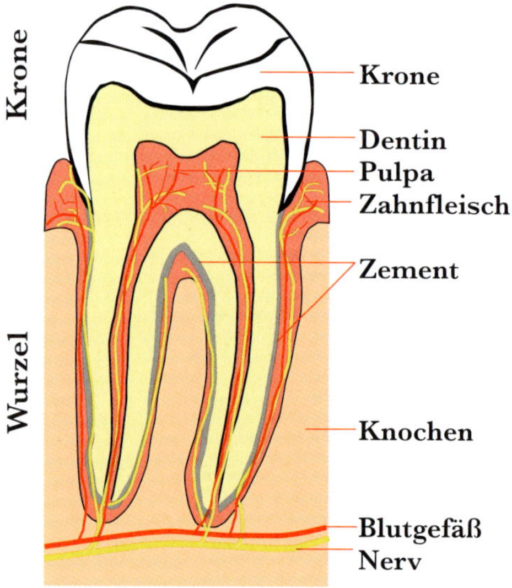

Daraus bestehen Zähne

vorzustellen, die diese Geräte auslösen können. Ich denke: Vielleicht habe ich ja Glück, und er macht mit mir nur Waterboarding.

Als der Zahnarzt reinkommt, heule ich sofort los: „Ja, ich gestehe es: Ich bin mit dem Flugzeug ins World Trade Center geflogen! Nur tun Sie mir bitte nicht weh!"

Der Zahnarzt lässt sich nicht beirren: „Machen Sie mal den Mund auf - schön weit die Klappe aufreißen, wie Sie das im Fernsehen auch immer machen."

Ich will noch sagen: „Für die Witze bin *ich* hier verantwortlich!" Da hackt und fummelt und rüttelt und zerrt er schon in meinem Mund herum und schaut, ob die Zähne noch fest sind. Es fühlt sich an wie ein Zun-

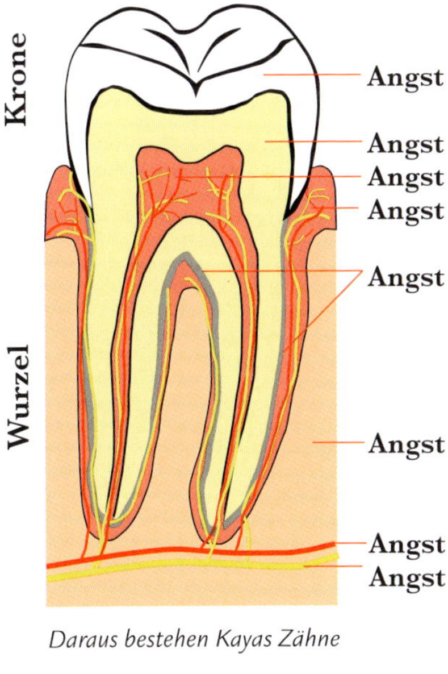

Daraus bestehen Kayas Zähne

genkuss von einer russischen Kugelstoßerin. Das macht er so lange, bis die Zähne nicht mehr fest sind und er ein Loch findet: „Das war zwar noch nicht da, bevor ich rumgestochert habe, aber egal! Das muss gebohrt werden!"

Und statt mir zu sagen: „Ihr Eckzahn hat ein Loch", fängt er an, Latein zu quatschen: „7 oben links partiell kariös, palestinal, Narkotikum guttural, errare humanum est, Marcus in Colosseum stat, sed ubi est Cornelia ..."

Spätestens dann werde ich ohnmächtig. Ich bin kein Weichei. Wenn ich beim Fußball jemandem so sehr vors Schienbein trete, dass ich mir den Zeh breche, dann braucht der Schmerz ein bisschen, bis er oben im Hirn ankommt. Der Schmerz wandert, und ich kann mich mental darauf einstellen. Zahnschmerzen wandern nicht. Zahnschmerzen sind wie Zeugen Jehovas: Die sind plötzlich einfach da! Ich hasse das!

Am schlimmsten ist es, wenn der Weisheitszahn gezogen werden muss.

Das ist schlimmer als bohren. Normalerweise ist es ja so: Wenn ein Zahn gezogen werden muss, dann ist er morsch und verfault. Dann leistet er keinen Widerstand mehr. Er weiß selber, dass er rausmuss. Der Zahn sagt sich: „Ich sehe scheiße aus und stinke nur rum. Es hat keinen Zweck mehr, ich muss hier raus! Die anderen Zähne hänseln mich. Also, lieber Arzt, erlöse mich bitte!"

Ein Ruck – und er ist draußen.

Der Weisheitszahn ist anders. Der ist gesund, der ist stark, und das weiß er auch. Der bleibt da. Der sagt dem Arzt: „Isch komm hier ned raus!"

Und der Arzt sagt: „Du musst aber raus! Es ist kein Platz mehr im Kiefer!"

Der Zahn erwidert: „Nimm doch einen von den kleinen Arschlöchern von vorn – ich bleibe hier drin!"

Eine schöne Vision, die aber einen entscheidenden Nachteil hat: Diese Diskussion gewinnt immer der Arzt! Und dann zückt er die Zange und wendet alle physischen Hebelgesetze gleichzeitig an:

Vorne, hinten, links, rechts – vorne, hinten, links, rechts. Es ist, als sähe man einer Frau beim Ausparken zu! Aber ohne Ergebnis: Der Zahn bewegt sich nicht.

Dann zerrt der Arzt an meinem ganzen Kopf: vorne, hinten, links, rechts. Der Zahn sitzt bombenfest.

Danach wackelt die ganze Praxis – vorne, hinten, links, rechts!

Zehn Minuten später messen Geologen heftige Erdstöße in unmittelbarer Nähe der Zahnarztpraxis! Alles bewegt sich, nur nicht mein Weisheitszahn!

Nach einer halben Stunde ist er endlich draußen. Ich dachte zum Schluss, mein ganzer Schädel kommt mit raus! Dann endlich Ruhe. Ich atme durch. Doch dann höre ich meinen Zahnarzt sagen: „Äh, sagte ich 7 oben *links*? Ich meinte natürlich 7 oben *rechts*!"

Mit meinen 37 Jahren spüre ich, dass ich langsam alt werde. Ich frage mich nur, was ich die letzten Jahre gemacht habe. Ich fühle mich wie ein 17-Jähriger, dem man sagt: „Du bist zwar 17, aber durch einen unglücklichen Rechenfehler haben wir dir 20 Jahre abgezogen. Also bist du schon 37!"

Das ist nicht schön: im Kopf noch ein Teenager und körperlich schon unterwegs in Richtung Sitztanz und Seniorenresidenz! Jetzt weiß ich, wie sich Lothar Matthäus fühlt.

Das Leben ist wie ein Berg, den man erklimmt: Mit

17 ist es cool, da hat man das Leben noch vor sich. Man weiß, es geht bergauf. Und weil man so viel Kraft hat, beeilt man sich mit dem Aufstieg. Bloß nicht trödeln: 18 Jahre, 19, 20, 21, 22, 23, 24, 25, 26, 27, 28, 29, 30, 31, 32, 33, 34, 35, 36, 37 – und da ist es: das Gipfelkreuz! Herrliche Aussicht! Bloß genießen, denn ab sofort geht es nur noch bergab: 38, 39, 40, 41 … und das geht noch schneller als bergauf! Auf dem Hosenboden wird ins Nichts gerutscht!

Ich liebe den Film *Der seltsame Fall des Benjamin Button*. Was für eine herrliche Vorstellung: Ich komme als alter Sack auf die Welt, werde immer jünger, und ganz am Schluss verabschiede ich mich als Orgasmus!

KAPITEL 5

Tiere

„Du kommst hier ned rein!"

Hakan zu einem Pudel, als er noch Türsteher bei „Metzgerei Werner" war

Obwohl ich in Deutschland geboren wurde, bin ich kein typischer Deutscher. Das fängt schon bei meinem Namen an: „Kaya" liegt in der deutschen Vornamenstatistik weit hinter „Horst", „Günther" und „Manfred". Selbst „Adolf", „Bonifazius-Elvis" und „Blödmann" sind häufiger. Aber in anderer Hinsicht bin ich so deutsch, wie man nur deutsch sein kann: Ich liebe Tiere! Und das ist deutscher als Autowaschen, Fußball und Liegestuhlreservierung zusammen!

Die Deutschen lieben ihre Haustiere über alles! Über 23 Millionen Haustiere leben in unserem Land!

23 Millionen ist eine enorme Zahl, vor allem wenn man bedenkt, dass Tiere für ihre Halter viel Arbeit und Kosten bedeuten: Sie kotzen in Autos, kacken auf Teppiche und verwüsten den Garten – insofern sind sie ein perfekter Kinderersatz! Mit dem Unterschied, dass die Tiere irgendwann eingeschläfert werden, während die Kinder ihren Eltern noch bis ins Rentenalter auf der Tasche liegen!

FACT BOX

In Deutschland leben:

8 Millionen Katzen

5,5 Millionen Hunde

3,4 Millionen Ziervögel

jede Menge Fische (die Zahl variiert täglich, zumindest in Haushalten, die neben Fischen auch noch eine Katze haben)

Aber auch Tiere kosten Geld. 2009 haben die Deutschen über 3,6 Milliarden Euro für Heimtierbedarf ausgegeben, davon allein 2,7 Milliarden Euro für Tier-Fertignahrung. Im Vergleich zu den 600 Milliarden Euro, die für Babynahrung ausgegeben werden, mag das zwar wenig klingen, aber dafür gehen die Babys zwischendurch auch nicht auf Mäusejagd oder bekommen Pizzaränder, Kartoffelschalen und abgelaufene Fleischwurst verfüttert.

Die Deutschen lieben ihre Tiere so sehr, dass sie es hin und wieder auch übertreiben. Zum Beispiel gibt es in jeder größeren Stadt spezielle Hundefriseure. Der „Groomer" (so die internationale Bezeichnung für den Hundefriseur) ist zwar noch kein offizieller Ausbildungsberuf, aber der Hunde-Figaro muss trotzdem über spezielle Fähigkeiten verfügen. Das Haareschneiden selbst funktioniert zwar genauso wie beim Menschen (zumindest was Menschen wie Tony Marshall betrifft), aber alle anderen Dienstleistungen sind speziell auf die Vierbeiner ausgerichtet: Die Klatschthemen drehen sich nicht um Brad Pitt und Angelina Jolie, sondern darum, dass Lassie angeblich eine Affäre mit einem Drogenspürhund vom Frankfurter Flughafen hat; Friseur und Kunde haben dieselben guten Erfahrungen in Sachen „Sex von hinten"; und auf der Straße vor dem Hundesalon sind die Besitzer angebunden: „Wir müssen leider draußen bleiben".

Es gibt sogar spezielle Hundepsychiater. Ich kann mir gut vorstellen, was da abgeht. Der verstörte Labrador-Rüde schüttet beim Hundepsychiater sein Herz aus, und der Seelenklempner sagt: „Ich kann zwar verstehen, dass Sie ein Trauma haben, weil Sie in Ihrer Kindheit immer von den Katzen aus der Nachbarschaft gehänselt worden sind – aber das ist noch lange kein Grund meine Behandlungscouch vollzukacken!"

Die kurioseste Meldung in Sachen übertriebener Tierliebe gab es 2003: Damals kursierte das Gerücht, dass in Berlin angeblich ein eigenes Bordell für Hunde eröffnet werden sollte! Das Ganze stellte sich allerdings als Scherz heraus, und die notgeilen Rüden mussten sich anderswo umschauen – vielleicht sogar auf dem Straßenköter-Strich.

Auch wenn viele Deutsche es mit der Tierliebe übertreiben, habe ich mich schon früh von der Faszination, die Tiere auf Menschen ausüben können, anstecken lassen: Schon als Kind wollte ich unbedingt eigene Tiere haben. Und da gibt es für echte Türken eigentlich nur zwei Alternativen: Lamm oder Hühnchen! Trotzdem habe ich eine dritte Möglichkeit gefunden. Kurz nach der Einschulung war es endlich so weit: Ich kam nach Hause – und hatte Läuse! Meine Mutter war natürlich entsetzt und rieb mir die Kopfhaut sofort mit einer Flüssigkeit ein, die man damals zum Pinselreinigen benutzte und die heute auf der Liste der verbotenen chemischen Waffen steht. Wenn es aber nach mir und meiner grenzenlosen Tierliebe gegangen wäre, würden die putzigen Läuse heute noch leben, hätten eigene Namen und dürften sogar mit mir in einem Bett schlafen!

Das erste Haustier, das ich nicht nur *spüren*, sondern auch *sehen* und *streicheln* konnte, war eine Katze: Ich war sieben Jahre alt, als ich den Kater Peter bekam, und wir wurden schnell unzertrennlich! Peter und ich sind über Garagendächer geschlichen, sind auf die höchsten Bäume geklettert oder haben uns gemeinsam im Kino *Bernhard und Bianca* angeguckt! Ich habe ihm vorgemacht, wie man das Katzenklo benutzt, und im Gegenzug hat er mir beigebracht, wie man ein Sofa zerkratzt. Wir waren echte Freunde!

Irgendwann fuhr ich mit meinen Eltern in Urlaub (natürlich in die Türkei!), und Kater Peter blieb allein zu Hause. Als wir nach sechs Wochen zurückkamen, war Peter tot. Er hatte sich versehentlich selber aufgehängt – an einem Kellerfenster. Ich war unendlich traurig: Ich hatte meinen besten Freund verloren! Aber ein bisschen war ich auch von Peter enttäuscht: Ich hätte nie gedacht, dass er zu doof ist, einfach die Tür zu benutzen!

FACT BOX

Genau wie Katzen gelten auch Kehlstreifen- und Adelie-Pinguine als reinliche Tiere: Sie halten ihr Nest sauber, indem sie ihren Kot aus ihrem Gelege herausschießen. Dafür heben sie ihr Hinterteil und katapultieren auf direktem Wege die Exkremente bis zu 40 Zentimeter weit in die Landschaft.

Vermutlich hat man deshalb auch noch nie einen Adelie- oder Kehlstreifen-Pinguin auf dem Oktoberfest angetroffen – denn dort sieht man es nicht gern, wenn sich Gäste in der Natur erleichtern.

Seitdem habe ich mir kein eigenes Haustier mehr angeschafft. Der Trennungsschmerz ist einfach zu schlimm. Damit mir so etwas nicht häufiger passiert, verzichte ich auch über weite Strecken auf feste Beziehungen. Und wenn ich mal eine Freundin habe, gebe ich ihr als Erstes einen Kellerschlüssel!

Ich lebe also seit Jahren ohne Haustiere. Ich bin auch viel zu viel unterwegs, um mich vernünftig um ein Tier zu kümmern. Aber seit einiger Zeit komme ich wieder ernsthaft ins Grübeln, ob ich mir nicht doch wieder ein Tier zulegen soll: Eine Bekannte von mir hat ein Kätzchen, das meinem Peter zum Verwechseln ähnlich sieht. Wenn die Kleine (gemeint ist die Katze, nicht die Bekannte) in meiner Nähe ist, kann ich mich auf nichts anderes konzentrieren. Darum darf die Katze auch nicht mit ins Auto, denn dann wäre ich ungefähr so abgelenkt, als würde ich am Steuer mit einem Brötchen in der einen und einer Dose Cola in der anderen Hand ohne Freisprecheinrichtung telefonieren, auf dem Beifahrersitz eine scharfe Blondine.

Viele Menschen finden Katzen als Haustiere langweilig – sie halten sich lieber exotische Tiere wie Vogelspinnen oder Krokodile. Warum nicht? Ein kleines Stumpfkrokodil ist auch nicht langweiliger als ein Nymphensittich oder ein Kind. Man muss sich nur darauf einstellen, dass andere diese Liebe vielleicht nicht ohne Bedenken teilen. Ein ganz normaler Dackel wird von vielen ja schon als unberechenbare Killermaschine wahrgenommen! Wenn man dann sogar ein Krokodil an der Leine spazieren führt, reicht es nicht mehr zu sagen: „Der will nur spielen!" Denn das wissen die anderen bereits. Und sie wissen auch: Sein Spiel ist tödlich!

Dabei sind Reptilien eigentlich recht dankbare Haustiere. Viele von ihnen kommen wochenlang ohne Nahrung aus, sie müssen nicht gestreichelt werden, und sie sind leise.

Was Haustiere betrifft, sind die meisten Jungs nicht so festgelegt. Die sagen an dem einen Tag: „Ich will unbedingt einen Hund haben!", aber wenn sie dann am nächsten Tag hören, dass sie alternativ auch ein Moped, eine Mundharmonika oder eine Ballpumpe bekommen können, ist der Fiffi plötzlich abgemeldet. Mädchen ticken da völlig anders: Für sie gibt es einen

Hakan meint:

„Wenn du krasse Kaiman halten willst, dann konkret als Paar. Sonst ist das Viech Scheiße einsam, und wenn es mal tot ist, reicht die Haut nur für eine korrekte Cowboystiefel."

Wunsch, der stärker ist als alle anderen Wünsche. Ich spreche nicht von nebensächlichem Kleinkram wie Weltfrieden, ewigem Leben oder einer Nacht mit Bill von *Tokio Hotel*. Ich spreche vom eigenen Pferd!

Auch wenn Mädchen mit ihrem Bruder, den Eltern und ihrer Oma in einer 12-Quadratmeter-Wohnung wohnen und mit 7 Cent Taschengeld im Monat auskommen müssen: Sie wollen ein eigenes Pferd haben. Koste es, was es wolle. Zur Not fahren sie jeden Tag mit der Straßenbahn ans andere Ende der Welt, um ihr Pferd, das dort am Stadtrand angebunden ist, stundenlang zu striegeln und zu bürsten. Dann reiten sie so lange auf dem Pferd, bis ihr Hintern genauso breit ist wie der des Tiers, und fahren mit der Straßenbahn wieder ans eine Ende der Welt, wo sie dann in ihrer Ecke der 12-Quadratmeter-Wohnung den ganzen Abend Pferde-Poster nach dem Alphabet sortieren. Andere Hobbys wie Ballett, Mode oder Jungs spielen in einem solchen Leben keine Rolle.

Das ist für jedes 11-jährige Mädchen der Traum vom Glück. Und es gibt sicherlich Eltern, die ihrer Tochter diesen Wunsch nur allzu gern erfüllen würden. Aber diese Eltern seien gewarnt: Irgendwann wird das Mädchen 18, es will studieren, bekommt eine eigene Studentenbude, hat ihren ersten Freund – und dann reitet sie zwar immer noch gern, braucht dafür aber kein Pferd mehr!

Große Tiere kämen für mich eh nicht infrage. Wie mein Kumpel Ranjid mit einer Kuh zusammenleben kann, ist mir ein Rätsel. Mich würde eine Kuh viel zu sehr in meiner Freiheit einschränken: Ich möchte morgens ungestraft H-Milch aus dem Supermarkt in meinen Latte macchiato schütten können, ohne eifersüchtige Blicke meines Gegenübers zu ernten!

Aber Ranjid stört so etwas nicht. Er liebt seine Benytha und nimmt sie überall mit hin. Letztens war er mit ihr sogar im Fußballstadion. Besonders die Kinder haben sich gewundert: Viele von ihnen waren in der Stadt aufgewachsen und hatten noch nie eine echte Kuh gesehen. Ein besonders neugieriger Junge sprach Ranjid auf Benytha an. Er zeigte auf die Hörner und fragte: „Du, warum hat dein Pferd so kleine Vuvuzelas?"

Eine Kuh als Haustier ist schon sehr speziell. Ich habe mir allerdings überlegt, ob ich mir einen Hund anschaffen soll. Ich habe nämlich gelesen, dass gerade für Singles Hunde einen extrem hohen Flirtfaktor darstel-

Ranjid meint:

„Meine Kuh Benytha ist ein kluges Tier, das schnell lernt. Ich habe ihr sogar beigebracht, die Zeitung zu holen wie ein Hund! Sie macht das schon ganz gut – allerdings kann ich die Zeitung leider nicht mehr lesen, wenn sie hinten wieder rauskommt.“

len! 31 Prozent aller Singles besitzen ein Haustier, was praktisch ist, denn wenn sich der One-Night-Stand noch am selben Abend als Enttäuschung entpuppt, muss er nicht auf dem Sofa übernachten, sondern kann es sich im Körbchen gemütlich machen!

Der klassische Flirt zwischen zwei Hundehaltern – so habe ich es zumindest gelesen – läuft folgendermaßen ab: Ein Mann geht mit seinem Hund spazieren und trifft eine schöne junge Frau, die auch einen Hund an der Leine hat. Man kommt ins Gespräch, und noch

bevor man weiß, wie das Gegenüber heißt, kommt es zu wildem, animalischem Sex! Ich habe mir mal einen Hund ausgeliehen und habe es ausprobiert. Und ich schwöre: Das mit dem Sex funktioniert! Allerdings nur für die beiden Hunde ...

Vielleicht ist der Flirtfaktor ein Grund dafür, dass gerade in den Großstädten, in denen bekanntlich besonders viele Singles leben, so viele Hunde gehalten werden! In Wien sind zum Beispiel 50 000 Hunde offiziell gemeldet - anhand der Hundehaufen gehen Experten jedoch von über 100 000 Tieren aus. Es gibt übrigens eine todsichere Methode, selbst den kleinsten Hundehaufen garantiert aufzuspüren: Man ziehe Kaya Yanar Turnschuhe mit Rillensohlen an und lasse ihn über eine Wiese laufen. Trefferquote: 100 Prozent!

FACT BOX

In Wien werden jeden Tag 5 bis 10 Tonnen Hundekot produziert – im europäischen Vergleich ein richtig beschissener Wert!

Haustiere müssen in Sachen Liebe nicht immer förderlich sein, wie mein Kumpel Ranjid zu berichten weiß. Ranijd hatte sich einmal eine Zeit lang mit einer Arbeitskollegin getroffen, und schon am elften Abend ging er mit ihr nach Hause. Die Frau hatte einen Papagei, dessen Käfig in ihrem Schlafzimmer stand. Als Ranjid schon erwartungsfroh im Bett lag, kam die Kollegin mit einem Geschirrhandtuch rein: „Zum Abdecken", sagte sie, „der Vogel soll ja nicht alles sehen!" Ranjid bekam Panik und verließ fluchtartig die Wohnung.

Als er mir später davon erzählte, fragte ich ihn: „Warum bist du denn abgehauen, Ranjid?"

Und Ranjid sagte: „Ich hatte Angst, dass sie und ich nicht beide unter das Handtuch passen!"

Ich bin nicht der Einzige, der ohne Tiere lebt. Mein Kumpel Francesco hat sich mittlerweile auch von seinem Hund getrennt:

Francesco meint:

„Meine Bello war immer eifersüsstig, wenn er mich mit de Signorinas in de Slafzimmer antraf! Bello konnte es nichte ertrage, dass noch jemand außer ihm kann wedeln mit de Schwanze!"

Auch Hakan hat keine vierbeinigen Freunde, was kaum verwundert, denn schließlich hat er auch kaum zweibeinige Freunde! Außerdem mag Hakan grundsätzlich keine Hunde!

Hakan meint:

„Ich hatte nur einmal eine Scheiße Hund! Und zwar am Kühlergrill von meine Dreier BMW!“

Nur Ranjid hat noch immer seinen tierischen Begleiter: Er geht kaum noch ohne Benytha aus dem Haus. Was nicht immer einfach für ihn ist …

Ranjid meint:

„Wenn ich mit Benytha durch die Innenstadt gehe, dauert das immer eine kleine Ewigkeit. Denn an jedem Steakhaus legt sie eine Schweigeminute ein – für ihre verstorbenen Verwandten!“

Letztens habe ich abends mit meinen Kumpels Hakan, Ranjid und Francesco zusammen gesessen. Plötzlich fragte Hakan mich: „Hey, Kaya! Hörst du mir konkret zu: Wenn du ein krasses Tier wärst, was für krasses Tier wärst du konkret?”

Ich musste nicht lange überlegen: „Wenn ich ein Tier wäre, dann wäre ich eine Lachmöwe: Federleicht, schwebend und immer gut gelaunt! Und du, Hakan, was wärst du für ein Tier?"

Hakan dachte kurz nach: „Guckst du misch an! Dann weiß du, was isch für krasses Tier wär!"

Ranjid gab den ersten Tipp ab: „Ich weiß es: Du wärst ein süßes, kleines Pony – wegen dem Pferdeschwanz ..."

Erst dann sah er Hakans Faust kommen: „Nix Pony, du Arsch! Isch bin doch nicht schwul! Wär isch natürlich Pitbull! Grrrrr!"

Francesco meldete sich zu Wort: „Isse wäre Tier, das mitte schöne Signoritas mache Amore den ganzen Tag – isse wäre eine leidenschaftliche Kaninchen!"

Jetzt richteten sich alle Augen auf Ranjid. Wir waren gespannt, was er für ein Tier sein würde. Hakan schaute kurz auf die Kuh Benytha und murmelte nur: „Jetzt sag bitte nicht ›Stier‹!" Und tatsächlich hatte Ranjid sich ein anderes Tier ausgesucht: „Ich wäre", sagte er fröh-

lich, „ein Tier, das zu meiner Heimat Indien passt und das dort sehr, sehr beliebt ist: Ich wäre Lamm ...”

„Das heißt *'ein* Lamm'”, korrigierte ich.

Ranjid fuhr fort: „Also gut. Ich wäre *ein* Lamm – mit Currysauce und Reis!”

Wir spielten dieses Spiel nie wieder!

Als echter Tierfreund (ich engagiere mich für die Tierrechtsorganisation PETA und bin eingefleischter Pescetarier) glaube ich, dass man Tiere nicht in der Stadt oder gar in der Wohnung halten sollte. Lieber begegne ich ihnen in der freien Natur. Darum habe ich in Australien mal einen Tauchkurs gemacht. Ich wollte Fische in ihrer natürlichen Umgebung beobachten statt nur im Aquarium oder auf dem Teller meines Nebenmanns.

FACT BOX

Es gibt weltweit 31.000 verschiedene Fischarten.

Wenn man „Forelle Müllerin Art“, „Dorsch in Senfsauce“ und „Steinbeißer-Filet mit Kräuterkruste“ dazuzählt, sind es sogar 31.003 verschiedene Arten.

So ein Tauchkurs macht Riesenspaß, und man lernt unheimlich viel. Zum Beispiel muss man Zeichensprache lernen, weil man unter Wasser ja nicht quatschen kann. Es gibt Handzeichen für „Auftauchen”, „Unterströmung” oder „Druck ablassen”. Taucherinnen lernen zusätzlich noch, per Handzeichen lebenswichtige Dinge zu sagen wie: „Guck mal, da drüben die, die ist doch viel zu dick für ihren Neoprenanzug!", „Wow – wo gibt's denn so tolle Flossen?" Und natürlich die dazu passende Standardantwort: „Du, das war ein absolutes Schnäppchen, die haben nur 400 Euro gekostet, war aber das letzte Paar!"

Ich habe bei dem Tauchkurs auch gelernt, mit echten Gefahren umzugehen: Ich stand auf dem Anleger, hoch konzentriert, um elegant und tollkühn, wie es meine Art ist, ins Wasser zu gleiten. Ich war in Gedanken schon im Sturzflug, die Arme nach vorn gestreckt, per Kopfsprung in die Fluten eintauchend, da hörte ich meinen Tauchlehrer rufen: „Übrigens, Kaya, hier gibt es die Möglichkeit eines Hai-Angriffs!"

Ich machte den Kopfsprung trotzdem – nur in die andere Richtung! Die Beule war noch eine Woche später zu sehen. Doch der Rückzieher hatte sich gelohnt, denn mein Tauchlehrer hatte ein paar wichtige Tipps für mich parat: „Kaya, normalerweise gibt es hier an diesem Küstenabschnitt keine Haifische, aber es kann sein, dass sich ein Hai verirrt, und dann wird er aggressiv oder frustriert und fängt an, Menschen anzuknabbern."

Ich begann, tief in meinem Inneren bereits nach etwas weniger gefährlichen Alternativen zum Tauchen zu suchen: Stricken, Puzzlen, Glasmalerei ... doch mein Tauchlehrer fuhr fort: „Wenn du überleben willst, musst du dir drei Regeln merken!"

Ich kannte bis dahin nur eine Regel, die garantiert funktioniert: Hai kommt – Arsch weg!

Aber mir wurde schnell klar: Wenn ich meinen Tauchschein wirklich machen möchte, und ein Hai kreuzt auf, und ich kann das Wasser nicht unverzüglich verlassen, dann muss ich mich an folgende Regeln halten:

Regel Nummer 1: Ruhe bewahren
Das ist einfach! Du bist im Wasser, da kommt ein Hai. Ist ja jetzt nicht sooo überraschend. Wenn der Hai einem beim Pilzesammeln im Wald begegnet wäre, wäre das etwas anderes! Aber im Meer? Cool bleiben, Ruhe bewahren, Kinderspiel:

„Ach du Scheiße, ein Hai! Was mach ich jetzt? Weglaufen geht nicht, wär auch unfair, weil: Der Hai hat ja keine Beine! Ich glaub, der will mich fressen, Mist. Schnell ins Lehrbuch gucken. Regel 1: Ruhe bewahren! Alles klar." Kippe anzünden, lässiger Blick, gib mir Fünf: „Hai, Alter! Was geht?" Selbst, wenn das bei anderen funktionieren *sollte* ... ich kann das nicht - ich bin Nichtraucher!

Regel Nummer 2: So viel Lärm wie möglich machen, um den Hai zu erschrecken!
Lärm machen! Unter Wasser! Natürlich! Hätte ich auch selbst drauf kommen können! Wie war noch mal das Handzeichen für „Knall" oder „Radau"? Erschrickt sich ein Hai wirklich, wenn er mich ängstlich blubbern hört? Und: Gilt Zähneklappern schon als Lärm? Ich bin skeptisch.

Regel Nummer 3: Nach einem Gegenstand suchen und auf den Hai einschlagen!
Was viele nicht wissen: Am Meeresboden findet man fast immer Sand, Algen und Schneckenhäuser, aber relativ selten Baseballschläger, Boxhandschuhe und Vorschlaghämmer! Und ich weiß nicht, ob es mir wirklich gelingt, einen Hai mit einer Miesmuschelschale in die Flucht zu schlagen!

Also habe ich mir selbst **Regel Nummer 4** ausgedacht: Laufen lassen!

Wenn mir ein Hai unter Wasser begegnet, dann scheiße ich mir vor Angst einfach in den Neoprenanzug. Wenn der Hai dann an mir schnüffelt, denkt der sich: „Bäh, das riecht ja eklig – das ess ich nicht!" Und schon ist die Gefahr vorbei!

Damals in Australien habe ich Glück gehabt: Es kam kein Hai, und ich habe die Tauchprüfung bestanden! Seitdem gucke ich mir immer wieder die faszinierende Unterwasserwelt an. Es ist toll! Besonders interessant finde ich die Schwarmfische: 50 kleine Fische bilden einen großen Schwarm und schwimmen dabei absolut synchron! Und das ohne Nasenklammern! Egal, ob es links oder rechts langgeht, ob langsam oder schnell – immer synchron! Immer! Das ist wie beim Fernsehballett! Ich habe noch nie einen Fisch gesehen, der aus der Reihe tanzt:

„Hey, Willi! Wo willst du hin?"

„Oh, sorry – ich war mit den Gedanken gerade ganz woanders ..."

Die Schwarmfische machen das nicht ohne Grund: Sie schwimmen gemeinsam im Schwarm, um andere Fische zu verarschen! Sie tun so, als wenn sie *ein* großer Fisch wären und werden so von den mittelgroßen Fischen nicht gefressen. Wir Menschen kennen das: Wenn man mit den Kumpels unterwegs ist, riskiert man schon mal 'ne größere Klappe!

Eine tolle Idee. Und trotzdem ist es merkwürdig: Auf der einen Seite sind diese Fische unfassbar organisiert und intelligent, aber auf der anderen Seite auch unfassbar doof, denn seit Jahrtausenden angeln wir Fische immer mit demselben Trick.

Steinzeit: Wurm an Haken, Haken ins Wasser, Fisch schnappt zu, auf Wiedersehen!

Schwarmfische, die einen Fisch beeindrucken wollen

Schwarmfische, die Hakan beeindrucken wollen

Mittelalter: Wurm an Haken, Haken ins Wasser, Fisch schnappt zu, auf Wiedersehen!

2011: Wurm an Haken, Haken ins Wasser, Fisch schnappt zu, auf Wiedersehen!

Learning by doing? Aus Erfahrung wird man klug? Fischevolution? Fehlanzeige! Wie kann man nur so doof sein und immer wieder auf die gleiche Masche reinfallen? Andererseits: Lothar Matthäus war viermal verheiratet! Dann doch lieber Würmer fressen.

Von einigen Haustieren weiß man, dass sie für eine Menge Ärger sorgen können: Das kann jeder Pitbull-Besitzer bestätigen, der neben einem Kinderspielplatz wohnt. Dass aber auch ein harmloser Esel Grund für jede Menge Ärger sein kann, das wissen die wenigsten. Aber mein Vater weiß es. Er hat mir eine Geschichte er-

FACT BOX

Die ältesten Angelhaken Deutschlands sind über 8.000 Jahre alt. Die mittelsteinzeitlichen Haken wurden aus Röhrenknochen von großen Säugetieren oder aus Hirschgeweih hergestellt.

Womit die großen Säugetiere und die Hirsche geangelt wurden, bleibt allerdings bis heute ein Rätsel.

zählt, die sich in seinem Heimatdorf in der Nähe von Antakya vor 25 Jahren tatsächlich so zugetragen hat:

Meinen Eltern gehörte dort ein Grundstück. Das ist nichts Besonderes. Jedem Türken gehört irgendwo in der Türkei ein Grundstück. Keiner weiß, wozu, aber alle haben Land! Damit wir uns nicht falsch verstehen: In Deutschland kann man mit Land etwas anfangen – man pflanzt Bäume darauf, oder man baut ein Haus darauf, oder man wird enteignet und eine ICE-Trasse läuft direkt durch den eigenen Garten. In der Türkei kann man mit Land nicht so viel anfangen. Es besteht normalerweise aus Felsen. Man bekommt zwar regelmäßig Besuch, aber meistens nur von Hasen. Also hat man Felsen und Hasen. Wenn man aber weder Bildhauer noch Jäger ist, hat man als Grundbesitzer wenig Freude an seinem Land.

Mein Vater war weder Bildhauer noch Jäger, aber es gab andere Jäger, die auf seinem Grund und Boden auf Hasenjagd gehen wollten. Sie kamen mit einem Lkw an, und einer stieg mit seiner Schrotflinte ab und fragte ihn um Erlaubnis.

„Kein Problem", hat mein Vater gesagt, „ich jage sowieso nicht. Aber könntest du mir einen Gefallen tun? Siehst du den alten Esel da hinten? Der ist uralt, und er hat auch schon Krebs. Aber ich bringe es einfach nicht übers Herz, ihn umzunieten. Könntest du das für mich erledigen?"

Der Jäger sagte: „Natürlich, den Gefallen tu ich dir gerne!"

Er ging zurück zum Lkw und dachte sich: „Jetzt verarsche ich meine Kumpels mal so richtig!" Als er ankam, fragten seine Kumpels: „Und? Dürfen wir jagen?" Er antwortete: „Nein, dürfen wir nicht. Der Besitzer lässt uns nicht. Aber ich werde ihm eine Lektion erteilen, Jungs. Passt mal auf." Er zielt auf den Esel. Peng. Der Esel kippt tot um.

Stille. Dann ein Schuss von der anderen Seite des Autos. Und der Ausruf: „Ich habe die Kuh getroffen!"

Bei der anschließenden Schlägerei war das ganze Dorf beteiligt. Man spricht dort heute noch davon. Und auch diese Geschichte trug dazu bei, dass ich heute ohne Haustiere lebe.

KAPITEL 6

Autos

„Isch bin noch nie geblitzt worden – mein Dreier BMW hat konkret verspiegelte Frontscheibe, innen und außen!"

Hakan

Deutschland hat viele Besonderheiten, auf die man im Ausland zu Recht mit Bewunderung und Neid blickt: das leckere Brot zum Beispiel, den herrlichen Schwarzwald, den unglaublichen Dusel bei Fußballturnieren ...

Und trotzdem: Bevor Lena 2010 den „European Song Contest" gewann, waren die Deutschen nur auf eines so richtig stolz: auf ihre Autos. Wahre Deutsche interessieren sich nicht für Haus, Boot, Pferde und Pferdepflegerinnen, die knallen andere Bilder auf den Tisch:

„Mein Auto, mein Auto, mein Auto, mein Auto, mein Auto!"

Am besten ein ganzes Autoquartett! Wer es geschafft hat, zeigt das mit seinem Auto. Ein Porsche vor der Tür soll symbolisieren: Ich habe Stil! Ich habe Erfolg! Ich habe Macht!

Tatsächlich symbolisiert er allerdings meistens etwas anderes: Ich habe zwar Stil! Aber ich habe auch Probleme! Ich habe nämlich Leasingraten von 900 Euro im Monat!

Das Auto ist das goldene Kalb der Deutschen. Selbst in den sozialen Brennpunkten, wo siebenköpfige Familien in Einzimmerwohnungen leben müssen und die Arbeitslosenquote höher ist als der Plastikanteil im Körper von Daniela Katzenberger, stehen nur teure Wagen auf der Straße. Mein Vorschlag wäre, den Audi A4 in „Audi Hartz IV" umzubenennen, denn drunter tut es selbst ein Langzeitarbeitsloser nicht.

Das Auto ist eine deutsche Erfindung. Ein deutsches Markenauto hat immer noch einen hervorragenden Ruf. Und auch wenn die Teile aus Belgien, Schweden, China, Indonesien, Polen und Taiwan oder sonst wo herkommen, so hat das deutsche Markenauto immer noch etwas weltweit Einzigartiges: Es ist viel, viel zu teuer!

Trotzdem lieben die Menschen deutsche Autos. Auch im Ausland steht man auf VW, BMW oder Mercedes. Darauf können wir zu Recht stolz sein. Aber das ist noch lange kein Grund, durch Zürich zu laufen, an den Ampeln an jeden Mercedes zu klopfen und den Fahrer zu fragen: „Wer hat's erfunden? Die Deutschen!"

FACT BOX

1885 baute Carl Benz das erste benzinbetriebene Auto, ein dreirädriges Fahrzeug mit Verbrennungsmotor und elektrischer Zündung mit 0,8 PS (0,6 kW) und 18 km/h Höchstgeschwindigkeit.

Die Türken konnten mit diesem Fahrzeug damals allerdings wenig anfangen, denn es hatte noch keinen Rückspiegel, an den sie ihre Glücksbringer, Duftbäumchen und Miniatur-Boxhandschuhe hängen konnten.

Pött ... Pött ... Pött ... Pött ...

Vielleicht liegt es tatsächlich am Erfinderstolz, dass die Deutschen dermaßen vernarrt in ihre Kraftfahrzeuge sind.

Michael Schumacher wäre niemals ein solcher Volksheld geworden, wenn er siebenfacher Weltmeister im Eselreiten gewesen wäre. Aber er ist Auto gefahren. Darum haben die Deutschen ihn heiliggesprochen. Dass er die meisten Titel in einem italienischen Auto gewann, ist den Deutschen egal.

Andere Länder bauen auch schöne Autos. Und trotzdem gehen sie mit dem Thema lässiger um als die Deutschen. Die Italiener zum Beispiel bauen wunderschöne Fahrzeuge: Ferrari, Maserati, Alfa Romeo. Aber auf der Straße fahren die meisten das zweithässlichste

Auto aller Zeiten: den Fiat Panda. Ein Auto, das aussieht wie die Originalverpackung einer Waschmaschine.

Das hässlichste Auto aller Zeiten ist – zumindest in meinen Augen – übrigens der Fiat Multipla: Er sieht von vorne so aus, als wäre Donald Duck vor eine Abrissbirne gelaufen. Aber das nur am Rande.

Im Ferrari-Land Italien wird wie der Teufel gefahren. Im dichten Straßenverkehr von Rom berühren sich die Autos permanent. Fahrzeugkontakt ist normal, dementsprechend sehen viele Fahrzeuge auch aus. Wenn man mit weniger als 40 km/h einem Italiener hinten drauf fährt, dann bemerkt der das noch nicht mal! Aber wenn sich die Stoßstangen zweier deutscher Autos auch nur touchieren, springen beide Fahrer sofort aus ihren Fahrzeugen, wedeln hektisch mit ihren ADAC-Rechtsschutzbriefen und rufen sofort ihren Anwalt an.

Francesco meint:

„In Italia werden viele Autos geklaut. Aber wenn man hört mein Auto rhythmisch hupen, dann ist das nicht Alarmanlage, sondern de Rücke von meine Freundin auf de Lenkrad!“

In Frankreich, dem Mutterland solcher Auto-Ikonen wie dem Citroën DS oder dem Renault Alpine, wird grundsätzlich ohne angezogene Handbremse geparkt. Das hat den Vorteil, dass man sich seine Parkplätze so groß macht, wie man sie braucht. Franzosen parken, wie sie Boule spielen: Ein bisschen vorne dran titschen, ein bisschen hinten dran titschen, und schon passt der Van in eine Lücke, in die vorher nur ein Smart gepasst hätte. In Frankreich ist das üblich – in Deutschland überlegt man, für solche Kapitalverbrechen wieder die Todesstrafe einzuführen.

FACT BOX

Statistisch ereignet sich auf Deutschlands Straßen alle 14 Sekunden ein Unfall.

Nicht selten landen die Fahrer im Krankenhaus – aber nicht, weil sie sich verletzt haben, sondern weil sie beim Anblick des Mini-Kratzers an ihrem Wagen einen Herzinfarkt bekommen.

Noch krasser ist Autofahren in der Türkei. Wenn man freundlich sein will, nennt man den Fahrstil „temperamentvoll". De facto ist er „unter aller Sau". Autofahren in der Türkei ist wie ein gefährliches Videospiel:

Level 1: Kaum Gefahr. Stadtfahrt. Nerviges Gehupe, niemand beachtet die Vorfahrt, Ampeln sind egal.

Level 2: Etwas Gefahr. Nachtfahrt. Entgegenkommende Fahrzeuge haben Dauer-Fernlicht an. In Kurven wird überholt. Vom vorausfahrenden Lkw fallen Gemüsezwiebeln auf die Windschutzscheibe.

Level 3: Große Gefahr. Nachtfahrt. Entgegenkommende Fahrzeuge haben gar kein Licht mehr an. Das eigene Fahrzeug auch nicht. Vom vorausfahrenden Lkw fallen tote Lämmer auf die Windschutzscheibe.
Level 4: Lebensgefahr. In Istanbul berührt der Wagen beim Einparken ein Auto aus Deutschland. Der Fahrer springt mit einer Machete heraus und ist zu allem bereit.

Auch England, die Geburtsstätte von Traumwagen wie Aston Martin, Jaguar und Rolls Royce, ist speziell, was den Autoverkehr angeht. Das liegt vor allem am Linksverkehr. In einem englischen Auto ist alles spiegelverkehrt. Das Lenkrad ist rechts. Der Scheibenwischer-Hebel ist links. Der Fahrer sitzt auf dem Beifahrersitz. Wenn man nicht aufpasst, steigt man in einem Taxi rechts ein und muss selbst fahren!

Ich war einmal mit Ranjid in England. Am Flughafen mussten wir uns einen Mietwagen nehmen. Es war der Horror! Wenn ich blinken wollte, ging der Scheibenwischer los, wenn ich wischen wollte, blinkte ich. Immer wenn ich schalten wollte, habe ich aus Versehen die Tür aufgemacht! Und der faule Apfel, den ich aus dem Fenster werfen wollte, landete in Ranjids Gesicht!

Dazu kam der total irritierende Linksverkehr. Alle fahren auf der falschen Seite. Man muss sich komplett umstellen. Ich hätte ja gern Ranjid fahren lassen, aber er hatte seinen Führerschein abgeben müssen. Er hatte den Linksverkehr nämlich kurz vorher geübt – dummerweise in Deutschland!

In Ranjids Heimat Indien ist Autofahren eine ganz besondere Herausforderung: Das Wichtigste an einem indischen Auto ist die Hupe. Sie ersetzt Scheinwerfer,

Blinker, Bremslichter, Scheibenwischer, Airbags … wenn irgendwas im Weg ist, wird gehupt. Wenn nichts im Weg ist, wird auch gehupt. Wenn jemand vergisst zu hupen, wird er angehupt. Dann hupt er zum Dank zurück und hupt einfach weiter.

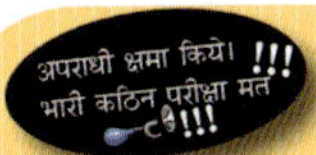

FACT BOX

Auf vielen indischen Autos klebt ein Aufkleber am Heck, der die anderen Verkehrsteilnehmer zum lauten Hupen auffordert.

Das ist allemal kommunikativer als das deutsche Pendant: „Laura an Bord“.

Überall auf der Welt wird also anders gefahren, und trotzdem gibt es einen Umstand, der bei unseren internationalen Nachbarn großen Neid auslöst: Deutschland ist das einzige Land in ganz Europa ohne Geschwindigkeitsbegrenzung. Gut, in der Fußgängerzone muss man schon ein bisschen langsamer fahren, aber auf Deutschlands Autobahnen gilt: Jeder darf so schnell, wie er kann! Diese Freiheit gibt es nur in Deutschland! In der Heimat meiner Eltern, der Türkei, ist auf Autobahnen zum Beispiel nur Tempo 120 erlaubt. Wer in der Türkei unbedingt schneller als 120 km/h fahren will, der muss in der Innenstadt von Istanbul in ein Taxi steigen!

Weil der Rest der Welt im Namen der Bremse unterwegs ist, blüht in Deutschland der Autobahn-Tourismus. Im Ernst: Es gibt tatsächlich Menschen, die kommen nur nach Deutschland, um wie die Wahnsinnigen über die Autobahnen zu heizen! Die gehen nicht ins Reisebüro – die gehen ins Rase-Büro!

Sehr beliebt ist diese Art von Urlaubsgestaltung bei Japanern. Japaner lassen sich besonders gern nach Deutschland fliegen, um einmal in ihrem Leben 200 Sachen zu fahren! Achten Sie mal drauf, wenn Sie das nächste Mal auf der Autobahn unterwegs sind – in den ganzen Audi A8 und Mercedes S-Klassen sitzen überall Japaner mit ihren Kamikaze-Brillen. Man kann sie nur nicht sehen, weil sie die Höhenverstellung des Fahrersitzes noch nicht gefunden haben!

Ein Reiseveranstalter (der hier zwar sehr gern genannt werden *würde*, aber natürlich nicht genannt *wird*, obwohl er genannt werden *könnte*, da es ihn tatsächlich *gibt*) bietet aktuell ein Raser-Wochenende für 2999 Euro an. An einem beliebigen deutschen Flughafen wartet der Luxuswagen nach Wahl auf den zahlungskräftigen Touristen, und dann verspricht der Veranstalter auf seiner Homepage www.tollwut-events.de Folgendes:

„Aufs Gaspedal treten und die Beschleunigung spüren. Man wird in den Sitz gedrückt, der Adrenalin-Spiegel steigt. Die Tachonadel passiert die 100 Stundenkilometer, und es geht weiter. Am Ende braust die Limousine mit über 200 km/h über die Straße."

Dieses Lust auf mehr machende Versprechen liegt übrigens auch auf feinstem Büttenpapier ausgedruckt im Handschuhfach. So kann der Autobahntourist es sich noch einmal ganz in Ruhe zu Gemüte führen, während er vier Stunden lang im Stau am Heumarer Dreieck darauf wartet, dass er endlich den Vorteil seines rassigen Traum-Ferrari gegenüber dem 14 Jahre alten Fiat

FACT BOX

Auf den insgesamt 12.000 Kilometern Autobahnnetz in Deutschland werden pro Jahr 214 Milliarden Autobahnkilometer zurückgelegt.

Mit diesen Zahlen im Hinterkopf hat relativieren sich auch die 75 Kilometer Stau, in denen Pendler zwischen Köln und Düsseldorf jeden Morgen stehen.

Ritmo ausspielen kann, der auf der Nebenspur genauso langsam vorwärtskommt! Hier im Stau hat jeder – ob arm oder reich – die gleich schlechten Bedingungen! Auch das ist Deutschland! Demokratie pur!

Aber: Zum Glück ist nicht immer Stau! Und wer sich 2999 Euro für einen Wochenendtrip leisten kann, der muss ja nicht ausgerechnet zu den Stoßzeiten auf die Piste gehen: Als Stoßzeiten gelten außerhalb der Schulferien der Berufsverkehr und innerhalb der Schulferien die Schulferien. Ansonsten spielt man überall gern das beliebte Baustellen-Roulette: Die Chancen stehen eins zu 36, dass die Strecke ohne Baustellen ist!

Für ängstliche Gäste, die nicht den Schneid haben, mit Tempo 250 auf ein Stauende aufzufahren, böte sich der sogenannte passive Autobahntourismus an – das muss man sich so vorstellen wie auf einer Safari: Aus angemessener Entfernung beobachten die neugierigen Tempo-Freunde von beheizten Tribünen aus mit dem Fernglas Porsche-Piloten und BMW-Raser bei ihren waghalsigen Überholmanövern – und während bei einer Safari der Gazellen zerfleischende Löwe als unumstrittener Höhepunkt gilt, greifen die Autobahngaffer zu ihren Fotoapparaten, wenn der 22-jährige Bleifuß von routinierten Feuerwehrmännern aus den Resten seines VW Scirocco geschweißt wird. Natürlich ist das makaber, aber wenn diese Vision Wirklichkeit werden sollte, kann niemand sagen, ich hätte ihn nicht gewarnt!

Als Raser-Paradies ist Deutschland ein Biotop. Schon in den unmittelbaren Nachbarländern sieht es ganz anders aus. Zum Beispiel in der Schweiz. Da gilt auf den Autobahnen Tempo 120 – aber das reizt natürlich kein Schweizer aus. Ein Volk, das völlig zu Recht als langsamer gilt als ein 90er-Jahre-Laptop, fährt keine 120 Stundenkilometer! Der Schweizer erlebt ja schon einen Geschwindigkeitsrausch, wenn er *ausparkt*! Was der Schweizer „Fahren" nennt, das nennen wir Deutsche „Rollen"!

Und obwohl die Eidgenossen Gemütlichkeit auch auf der Autobahn großschreiben, ist die Schweiz komplett vermintes Gelände: alles voller Blitzkästen! Als ich zum ersten Mal mit dem Auto über die A5 Richtung Basel gebrettert bin, habe ich die Autobahn nicht mehr gesehen! Ich habe mich gefühlt wie Jörg Kachelmann vorm Landgericht – ein einziges Blitzlichtgewitter! Ich musste keine Urlaubsfotos mehr machen – das hat die Schweizer Verkehrswacht für mich übernommen! Merci vielmals an dieser Stelle! Ich hätte gern ein paar Abzüge für meine Verwandten!

Ich fahre häufiger in die Schweiz. Mittlerweile kenne ich das Tempo der Nachbarn. Ich spüre instinktiv, ob ich die Grenze schon passiert habe. Wenn man von Deutschland die Grenze zur Schweiz überquert, hat man das Gefühl, man fährt in ein Zeitloch. Du kommst

FACT BOX

Selbst im Vatikan gibt es ein Tempolimit: Nur 30 km/h sind erlaubt!

Das weltweit höchste Tempolimit hat derzeit Indien mit 180 km/h!

Nichtsdestotrotz sind auch im Vatikan viele Autofahrer schnell auf 180 – nämlich dann, wenn vor ihnen das Papamobil im Schritt-Tempo den Verkehr aufhält.

mit zweihundert Sachen an, und plötzlich denkst du: „Oooooh, daaaaas ist abeeeeer schöööööön langsaaaam hieeeeer ..., oder?"

120 km/h - das reicht gerade mal für den zweiten Gang!

Aber ich weiß, warum die Schweiz ein Tempolimit von 120 hat: Die Schweiz ist klein, die Schweiz ist *verdammt* klein! Wenn man nicht aufpasst, fährt man einfach durch! „Wwrrrrrrm - oh, das war die Schweiz? Interessant! Aber schnell vorbei!"

Auch in den Schweizer Innenstädten wird das Tempo rausgenommen. An einer deutschen Ampel wird losgefahren, sobald das Signal auf Gelb springt. In der Schweiz warten die Autofahrer, bis es Grün ist - und dann fahren sie immer noch nicht los, sondern starten erst mal den Motor.

Der Weg von der Schweiz zurück nach Deutschland ist übrigens nicht weniger gewöhnungsbedürftig: Man hat sich gerade an Tempo 120 gewöhnt, man ist komplett entschleunigt, und dann kommt man zurück nach Deutschland und hat völlig vergessen, dass es hier *kein* Tempolimit gibt. Dann fährst du auf der linken Spur - 120!

120 auf der linken Spur einer deutschen Autobahn kann ich nicht empfehlen! Es sei denn, man fährt einen 40-Tonner - dann wird das gerade noch akzeptiert. Alle anderen bekommen schnell unfreiwilligen Kontakt mit der deutschen Raser-Mentalität. Ich habe mal das Experiment gewagt und bin mit Tempo 120 über die linke Spur gekrochen. Ich hatte nach fünf Minuten einen Audi A8 im Nacken! Und der ließ nicht locker! Ich hatte zwei Wochen später noch die Abdrücke von den Audi-Ringen im Nacken!

Wir sind ein Volk der Raser, das muss man leider sagen. Und Rasen macht viele Menschen aggressiv. Ich verbringe viele Wochen im Jahr auf der Autobahn. Ich habe schon alles gesehen. Und ich wundere mich immer wieder über die kriegsähnlichen Zustände. Wir sind alle mehr oder minder zivilisierte Menschen im Alltag, aber sobald wir auf der Autobahn sind, ist es damit schlagartig vorbei. Hakan hat mir mal von einem Erlebnis erzählt, das er auf der A3 hatte.

Er überholte mit seinem 3er-BMW einen Wagen, ein ganz normaler Vorgang. Dachte Hakan. Das sah der überholte Wagen anders: Er betätigte die Lichthupe. Vermutlich wollte er ihm damit morsen, dass er mit dem Überholvorgang nicht einverstanden war. Also überholte er wiederum Hakan und machte seine Nebelschlussleuchte an. Also hat Hakan ihm mit der Lichthupe zurückgemorst, dass er ihn mal kann und ihn wieder überholt. Daraufhin schmiss der andere sein Warnblinklicht an, während Hakan aufblendete ... jede Großraumdisco wäre auf diese Light Show neidisch gewesen!

Aber dann holte der Kollege zu einem Schlag aus, den Hakan so noch nicht gekannt hatte: Er überholte ein weiteres Mal, und als die beiden auf gleicher Höhe waren, betätigte er die Scheibenwaschanlage. Doch die Scheibenwaschflüssigkeit landete auf *Hakans* Windschutzscheibe! Wie perfide und überraschend! Seitdem hat auch mein Kumpel den Winkel der rechten Spritzdüse verstellt - es geht ganz einfach. Aber der Effekt ist einfach umwerfend!

Ich liebe Autobahnkrieg, weil es so lächerlich ist. Aber ich mache ihn nicht mit. Meistens fahre ich sehr defensiv und bleibe schön brav auf meiner Spur. Das liegt unter anderem an den unberechenbaren Lkws.

Lkw-Fahrer blinken zwar, aber nicht, um zu signalisieren: „Ich beabsichtige, die Spur zu wechseln", sondern um anzuzeigen: „Ich bin schon dabei, die Spur zu wechseln. Und du machst besser Platz. Es ist mir egal, ob du eine Vollbremsung machen musst oder in die Leitplanke rutschst. Ich bin nämlich zig Tonnen schwerer als du. Du kannst froh sein, dass ich überhaupt den Blinker gesetzt habe."

Auf diese Diskussionen habe ich keine Lust. Darum bleibe ich gerne in der Mitte. Selbst wenn ich wollte, ich *käme* mittlerweile gar nicht mehr auf die linke Spur! Es ist Zeit, der Wahrheit ins Gesicht zu sehen, die Hosen herunterzulassen, sich zu outen und meinen Lesern exklusiv zu gestehen: Ja! Ich bin Mittelspurfahrer!

Wenn ich auf der Mittelspur unterwegs bin und sehe 20 Kilometer vor mir einen Lkw rechts, dann bleibe ich lieber schön da, wo ich bin! Ich bin ja auf einer Autobahn, und nicht auf einer Slalompiste! Aber ab und zu verirrt sich so ein Pandabär oder ein sandfarbener VW Jetta, der nur unwesentlich jünger ist als seine 84-jährige Erstbesitzerin hinterm Steuer, auf die Mittelspur – auf MEINE Mittelspur!!! –, und selbst ich, Mr. „Middle of the road", verspüre das dringende Bedürfnis zu überholen! Aber wie? Ich will ja, aber ich komme einfach nicht auf die linke Spur!

Rückspiegel? Alles frei!

Außenspiegel? Alles frei!

Blinker setzen – wwwwrummmmm ...

... BMW Z3 links vorbeigeflogen.

Herzinfarkt.

Tempo drosseln.

Durchatmen.

Nachdenken.

Na klar, selber schuld!
Du hast den Schulterblick vergessen.
Noch mal von vorne:
Rückspiegel? Alles frei!
Außenspiegel? Alles frei!
Schulterblick? 20 Kilometer niemand zu sehen!
Blinker setzen - wwwwrummmmm ...
... Audi TT links vorbeigeflogen.
Herzinfarkt.
Tempo drosseln.
Durchatmen.
Nachdenken.

Schön auf die rechte Spur ausweichen, hinter dem Brummifahrer ist auch noch Platz. Der Standstreifen wäre noch besser, aber der ist leider nicht frei - da fährt ein Schweizer. Ich grüße ihn durchs geöffnete Seitenfenster: „Grüezi, wie geht's?"

„Ja, super geht's hä? Sie sind aber schnell hier in Deutschland!"

Ausländer empfinden das Fahren auf deutschen Autobahnen oft als gewöhnungsbedürftig. Ich hatte kürzlich Besuch aus England, von zwei klassischen Londonern: Pradeep und Sarbdeep. Verwandte von meinem Kumpel Ranjid. Sie besuchten einen Auftritt von mir, und danach sind wir in die nächste Stadt gefahren. Mein Tour-Manager saß am Steuer, ich auf dem Beifahrersitz und auf der Rückbank meine beiden liebenswerten Gäste. Wir unterhielten uns über dies und das, aber in dem Moment, als wir auf die Autobahn fuhren, wurde es hinten mucksmäuschenstill! Die beiden sagten keinen Ton mehr! Mein Tour-Manager beschleunigte auf 160 km/h, und alles, was ich dann noch von hinten hörte, war ein schnelles, hartes, ungewöhnliches Klappern. Ich dachte mir: „Komisch ... die Ventile können es nicht sein, die sind ja vorne", und drehte mich um, weil ich wissen wollte, was das war. Es war ... INDISCHES ZÄHNEKLAPPERN!

Die beiden hatten einfach panische Angst! Zum einen, weil ich mich zu ihnen umgedreht hatte, obwohl ich auf der Seite saß, wo die beiden Londoner normalerweise den Fahrer erwarten! Zum anderen waren die beiden noch nie in ihrem Leben so schnell gefahren! Sie ließen ihre Dental-Kastagnetten erklingen und klammerten sich mit beiden Händen an den seitlichen Haltegriffen fest, von denen ich bis dahin immer dachte, sie sind nur dazu da, um Oberhemden daran aufzuhängen! Pradeep und Sarbdeep taten mir aufrichtig leid, und ich war beinahe erleichtert, als uns ein Porsche mit 220 Sachen überholte und die beiden endlich ohnmächtig wurden ...

Das Gerücht, dass die Erfindung der deutschen Autobahn auf Adolf Hitler zurückgeht, ist übrigens falsch. Die erste Autobahn Deutschlands, die heutige A555 zwischen Köln und Bonn, wurde bereits 1932 vom damaligen Kölner Oberbürgermeister Konrad Adenauer eingeweiht. Allerdings versuchte Hitler, sich beim Volk anzubiedern, indem er 1934 mit der sogenannten Reichsverkehrsordnung sämtliche Tempolimits aufhob – sie waren bis dahin Ländersache und je nach Region recht streng: In Mannheim zum Beispiel war 1899 (die älteren Leser werden sich erinnern) innerorts gerade einmal 6 km/h erlaubt! Wer es eilig hatte, der ging zu Fuß! Weinbergschnecken wurde der Führerschein entzogen! Wer sich zuerst bewegte, musste Strafe zahlen! Später galt in den meisten deutschen Städten immerhin

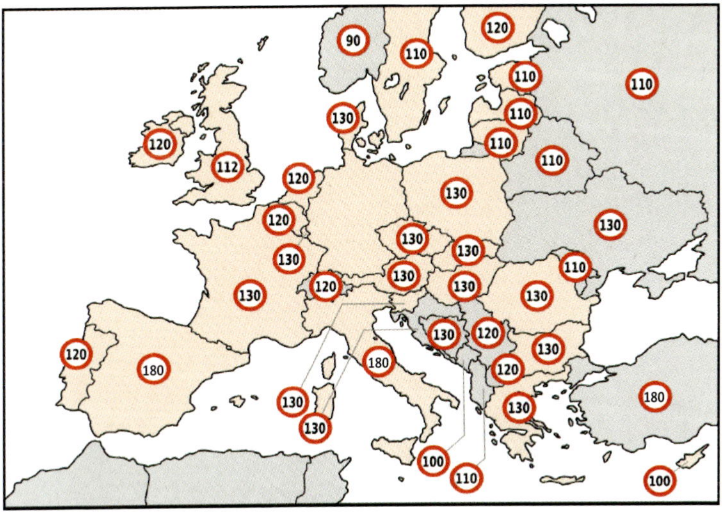

Hier eine Europa-Karte: Die Zahlen in den roten Kreisen bezeichnen allerdings nicht das Tempolimit, sondern den Pulsschlag von Pradeep und Sarbdeep als Beifahrer!

ein Tempolimit von 15 km/h – also ungefähr viermal so langsam wie Fahrradkuriere!

Diese Zeiten sind in Deutschland Gott sei Dank vorbei – sowohl in Bezug auf Adolf Hitler als auch auf die Tempolimits. Im 21. Jahrhundert ist man sich bei uns in Deutschland einig: Rasen erlaubt! In Europa sind wir zwar die einzige Heizer-Nation – international gibt es aber noch ein paar wenige andere Länder, die ebenfalls auf Tempolimits pfeifen:

Nepal zum Beispiel verzichtet auf generelle Tempolimits. Allerdings schaffen die meisten Scherpas auf ihrem Fußmarsch zum Mount Everest bei voller Beladung kaum mehr als 2 km/h. Und die wenigen Autos, die in Nepal zugelassen sind, werden bei Tempo 30 „natürlich" abgeriegelt - also nicht durch den Motor, sondern durch den schlechten Zustand der Straßen!

Auch die Isle of Man ist frei von Tempolimits - selbst auf Nebenstraßen. Wer einmal mit 180 km/h an einem Kindergarten vorbeidonnern will, ist hier genau richtig! Wahrscheinlich ist auf der Isle of Man auch Hupen im Krankenhausbereich nicht nur erlaubt, sondern ausdrücklich erwünscht! Ein Paradies für rücksichtslose Verkehrsrowdies wie zum Beispiel meinen guten Freund Hakan!

Hakan meint:

„Isch bin konkret für de krass strenge Tempolimit – aber nur für de Frauen! Wenn ihr misch fragt, dürfen Frauen maximal 20 Tempos bei eine Liebesfilm vollrotzen – dann is konkret Feierabend!"

Auf der Isle of Man ist also das ganze Jahr über Grand Prix! Allerdings gab es von 1993 bis 2003 insgesamt 112 Tote und 1042 schwer verletzte Opfer im Straßenverkehr - das entspricht bei 74 000 Einwohnern ungefähr 1,4 Prozent der Gesamtbevölkerung. Und trotzdem wurde 2004 der Vorschlag zur Einführung des Tempolimits abgelehnt (vermutlich von den 98,6 Prozent, die bis dahin Glück hatten).

Andere Länder ohne generelles Tempolimit sind Afghanistan, Buthan und Nordkorea - das nur als Tipp für diejenigen PS-Freunde, denen die 2999 Euro für ein Wochenende deutsche Autobahn zu teuer sind!

KAPITEL 7

Essen und Trinken

„Woran erkennt man ein richtig scharfes Curryhuhn? Es legt die Eier bereits gekocht!"

Ranjid

Italien ist das Land von Pizza und Pasta. Wenn wir italienisches Essen riechen, kommen uns sofort herrliche Bilder in den Sinn: die weiß gedeckte Tafel irgendwo in einem Olivenhain in der Toskana. Es ist kurz vor Sonnenuntergang. Noch flirrt die laue Abendluft. Die hübsche und rassige Landfrau mit der nur mühsam zu bändigenden schwarzen Lockenmähne und dem luftigen, flatternden Sommerkleid trägt lachend Riesenschüsseln voll dampfender Pasta auf. Der leichte Landwein aus der Glaskaraffe passt ebenso gut dazu wie die lebhafte Runde fröhlicher Menschen in weißen Leinenhemden, die mit Händen und Füßen reden, während kleine, drollige Kinder mit struppigen Hunden über das Gelände tollen. Das einzige Unschöne in dieser Szene ist der Fiat Multipla in der Auffahrt. Darum gehen wir so gern zum Italiener!

In Spanien geht es leidenschaftlich und lustvoll zu. Das merkt man auch dem Essen an. Eine Paella ist sinnlich, kraftvoll und erotisch. Ein Stierkampf für die Geschmacksnerven. Wir sehen vor uns eine feurige, energiegeladene Señorita, die zum Klang von entschlossen geschlagenen Flamenco-Gitarren ihren rotschwarzen Rock wirbelt, ungezähmt wie ein übermütiges Wildpferd auf den Boden stampft und nicht ganz ohne Absicht einen Blick in ihr üppiges, verführerisches Dekolleté gewährt, als sie sich über die brutzelnde, satellitenschüsselgroße Reispfanne beugt. Kleine, aber kraftvolle Männer mit schwarzem Haar, großen Händen und glühenden Augen spielen Karten, erheben die mit kräftigem Rioja gefüllten Gläser und schwärmen vom besten spanischen Fußballspieler seit langem: Mesut Özil. Darum lieben wir die spanische Küche!

In Deutschland gibt es Sauerkraut, Haxe und Kohlsuppe. Darum essen die Deutschen so gerne Döner!

Deutschland ist toll, und ich bin froh, hier aufgewachsen zu sein, aber die deutsche Küche ist wirklich nicht jedermanns Sache. Ich kann nicht viel mit der deutschen Küche anfangen. Das meiste ist mir zu schwer: Wäre ich Taucher, würde ich komplett auf Bleigürtel verzichten und stattdessen vorm Tauchgang einfach zwei, drei deutsche Knödel essen. Schneller kann auch ein Stein nicht sinken!

Eine weitere Spezialität der deutschen Küche ist Kohl in allen Variationen: Weißkohl, Rotkohl, Spitzkohl, Grünkohl, Blumenkohl, Sauerkraut, Mangold – bei aller Liebe zu vegetarischem Essen: Ich bin doch keine Biogas-Anlage! Ich verzichte doch nicht seit Jahren auf FCKW, Sprühflaschen und Feinstaub, um dann die ganze Atmosphäre wegen ein paar Löffeln Wirsing zu verpesten!

Außerdem ist mir persönlich die deutsche Küche zu fleischlastig: Schnitzel, Braten, Eisbein, Rouladen, Geschnetzeltes, Kotelett? Nicht mein Ding! Ich bin Pescetarier. Wenn ich ein Reh, ein Wildschwein, eine Kuh, ein Schwein, einen Fasan, ein Huhn und ein Schaf auf einem Fleck sehen will, dann bestelle ich keine „Schlachtplatte nach Art des Hauses" – dann gehe ich in den Streichelzoo!

Ich hasse Speisekarten, die sich lesen wie die Inventarliste eines Bauernhofstalls. Für andere ist ein Zigeunerschnitzel nur eine Mahlzeit – für mich ist es ein Einzelschicksal!

Zum Glück bin ich nicht allein mit dieser Ansicht. Pamela Anderson, Nena und Julia Roberts sind ebenfalls Vegetarier. Und auch mein Kumpel Ranjid sieht die Sache ähnlich. Er teilt die Ansicht: „Auch Kühe sind nur Menschen!" Er lebt ja sogar mit einer Kuh zusammen. Nur ein einziges Mal in seinem Leben hat Ranjid in Rindfleisch gebissen: Das war, als Benytha einmal ohnmächtig wurde, und er ihr bei der Mund-zu-Mund-Beatmung aus Versehen auf die Zunge gebissen hat.

Ich esse kein Fleisch. Irgendwann habe ich beschlossen, dass so wenig Lebewesen wie möglich für mich sterben sollen. Als ich das meinem Kumpel Hakan erzählte, konnte er das kaum glauben: „Kaya, versteh isch dich konkret richtig? Kein Lebewesen soll für dich sterben?"

„Richtig, Hakan! Ich stelle mich nicht über die anderen Lebewesen. Ihr Leben ist genauso wertvoll wie meins. Sie haben genauso wie ich ein Recht auf Leben!"

„Gut. Isch mache mit. Aber eine krasse Ausnahme gibt es schon, oder?"

„Und die wäre?"

„Wenn de scheiße Lebewesen mir meine Parkplatz wegnimmt!"

Als ich anfing, vegetarisch zu leben, habe ich nicht nur auf Fleisch, sondern auch auf Fisch, Eier, Butter und Milch verzichtet. Aber irgendwann hatte ich so abgenommen, dass ich locker bei *Germany's Next Topmodel* hätte mitmachen können! Nur von den Blättern meiner Zimmerlinde konnte ich mich offensichtlich nicht er-

Francesco meint:

„Isse brauche bei jedem Essen frische Fleisch! Es muss nicht auf de Teller sein – es reicht, wenn es mir sitzt gegenüber!"

nähren – abgesehen davon, dass die Blattläuse, die man automatisch mit verzehrt, streng genommen ja auch Tiere sind!

Also esse ich mittlerweile Fisch und Eier. Ich finde, man sollte nicht zu streng mit sich selbst sein. Es gibt Hardcore-Vegetarier, die sind so dogmatisch, dass sie noch nicht mal Gummibärchen, Lakritzschnecken und Schokoladenhasen essen, weil sie ihnen zu sehr nach Tier *klingen*! Ich bin da ein bisschen lockerer. Ich bin trotz meines Vegetarierdaseins flexibel geblieben. Andere halten ihre Ernährungspläne sehr viel strikter ein als ich.

Es gibt zum Beispiel Menschen, die sich „Frutarier" nennen. Frutarier essen nichts, was gemordet, gepflückt oder entwurzelt wird: Diese Menschen essen überhaupt nichts Lebendiges. Noch nicht mal eine Möhre! Diese Menschen ernähren sich nur von Fallobst. Und natürlich von überfahrenen Igeln.

FACT BOX

Semi-Vegetarier essen Geflügel und Fisch, aber kein Fleisch und keine Wurst.

Ovo-Lacto-Vegetarier essen Eier, Milch und Käse, aber kein Fleisch und keinen Fisch.

Lacto-Vegetarier essen außer Milch und Milchprodukten keine Tierprodukte.

Ikeaner essen alles außer Möbel.

ICH BIN IKEANER

Auch Makrobioten sind ein Völkchen für sich: Sie sind keine reinen Vegetarier. Bei der Ernährung geht es ihnen vielmehr um den Ausgleich von Yin (weich, weiblich) und Yang (hart, männlich). Meiner Meinung nach sind Makrobioten yin in der Birne – solcher Quatsch ist meines Erachtens yang an der Grenze des Erträglichen!

Eine andere Gruppe ist sogar nach meinem Kumpel Francesco benannt worden: Die sogenannten „Francesconier" ernähren sich ausschließlich von Potenzmitteln!

Als Kind war ich noch kein Vegetarier. Damals habe ich alles gegessen – und zwar alles sehr, sehr gern. Das lag wahrscheinlich an den Kochkünsten meiner Mama. Meine Mama war eine fantastische Köchin, in den Augen meines Bruders und mir sogar die beste von der ganzen Welt! Egal, was sie zubereitete, es schmeckte immer hervorragend. Unser Essen roch so lecker, dass die Nachbarinnen meine Mama irgendwann baten, das Küchenfenster geschlossen zu halten, weil der Geruch ihre Kinder und Ehemänner für normales Essen verdarb!

Meine Mama kochte immer, als müsste sie ein ganzes Schullandheim versorgen, dabei waren wir doch nur vier Personen. Sie machte Riesenportionen. Und trotzdem haben wir immer alles aufgegessen. Es grenzt an ein Wunder, dass ich mit sieben Jahren weniger als 85 Kilo wog!

Weil meine Mama so toll kochte, habe ich nie kochen gelernt. Wenn man mit einer so guten Köchin aufwächst, verliert man jede Motivation, es einmal selbst zu versuchen. Meine Mutter hat so gut gekocht, den Vergleich *musste* ich verlieren! Also habe ich es lieber gleich sein lassen. Aber nicht nur meine Mama hat mit ihren Fähigkeiten meine Entwicklung beeinflusst.

Mein Bruder ist ein Rechengenie, er hat später sogar Mathematik studiert – darum war ich in Mathe immer schlecht.

Und mein Papa hat so einzigartig und fantasievoll geflucht und geschimpft, dass ich mich später nie getraut habe, genauso cholerisch zu sein wie er. So bin ich zu dem höflichen Menschen geworden, der ich heute noch bin: Das legendäre „Arschkopf" meines Vaters ist einfach nicht zu toppen!

Ich kann nicht kochen, und ehrlich gesagt will ich auch nicht kochen. Ich mag die Küche nicht, und die Küche mag mich nicht. Ich kann mir keine Rezepte merken, ich habe keine Geduld, und ich habe zwei linke Hände. Keine gute Kombination. Immer, wenn ich in der Küche bin, tue ich mir weh:

Wenn ich eine Gurke in 20 Scheiben schneiden soll, dann schneide ich 15 Scheiben Gurke und fünf Scheiben Finger!

Wenn ich mit einer Käsereibe Parmesankäse bearbeite, ist das Ergebnis blutiger, als wenn ein türkischer Bauer ein Schaf schächtet!

Und wenn es in meiner Küche nach angebranntem Fleisch riecht, dann ist es nicht das Steak in der Pfanne, sondern meine Hand auf der Herdplatte!

Mein Kumpel Hakan ist auch so ein Schussel. Die Küche und Hakan sind keine Freunde. Sie sind noch nicht mal Kumpels. Eigentlich sind sie sogar richtige Feinde. Immer wenn es ums Essen geht, tut Hakan sich weh. Selbst wenn er sich Essen *bestellt*, ist er vor Verletzungen nicht sicher: Letztens hat sich Hakan mit dem Pizzaboten geprügelt, weil er den Gratis-Wein vergessen hatte!

Kochen hat viele unangenehme Seiten für mich. Es ist nicht nur die Zubereitung oder das Aufräumen danach – ich hasse es auch, einzukaufen! Egal, wo! Beim Discounter fühle ich mich genauso unwohl wie auf dem Wochenmarkt. Der Wochenmarkt ist fast noch schlimmer, weil dort keine Preisschilder an den Waren sind. Oft weiß ich noch nicht einmal, wie die Waren heißen:

„Was ist das, dieses helle, knollenartige Gewächs da hinten?"

„Das sind Pastinaken."

„Gut. Ich nehme ein Pfund Pastinaken. Und was ist das grüne?"

„Mangold."

„Nehme ich auch, und das knackige da hinten sieht auch superlecker aus. Was ist das?"

„Das ist meine Tochter, Sie Arschloch!"

Ob man Einkaufen lernen kann, weiß ich nicht. Jedenfalls gibt es unzählige Angebote, Kochen zu lernen. Allein im Fernsehen laufen auf jedem Kanal gefühlte 180 verschiedene Kochshows: mit einem Koch, mit

FACT BOX

Fast drei Millionen Deutsche verunglücken jedes Jahr zu Hause. Am häufigsten ereignen sich Unfälle im Wohnzimmer (21,2 %), gefolgt von Garten/Balkon (18,7%), Treppen (18%) und Küche (13,7%).

Die meisten Unfälle, die im Schlafzimmer passieren, wurden 2009 übrigens „Leon" und „Mia" genannt.

zwei Köchen, mit Kerner, ohne Kerner, mit Köchin, mit Kindern, mit Fleisch, ohne Fleisch ... RTL ist wahrscheinlich schon dran und plant eine Kannibalen-Kochshow mit dem Titel *Bauer kocht Frau*! Für mich sind diese Kochshows nichts. Ich verstehe sie nicht.

Pochieren? Blanchieren? Tranchieren? Was ist das? Begriffe aus dem Fechtsport? Zirkustricks? Seltene keltische Reimformen? Keine Ahnung, was die meinen!

Schwenken? Seihen? Dünsten? Das hätte ich mit allem in Verbindung gebracht, nur nicht mit Kochkunst! „Dünsten" habe ich bisher für eine niederrheinische Kleinstadt gehalten!

Kochshows verwenden eine Sprache, die nicht meine Sprache ist. Da kann ich mir gleich eine finnische Sitcom im Original angucken. Eins ist sicher: Das Fernsehen wird *mir* das Kochen *nicht* beibringen!

Meine Freunde haben mich noch nicht aufgegeben. Ich bekomme immer wieder Kochbücher von ihnen geschenkt. Mit Kochbüchern habe ich allerdings das gleiche Problem wie mit den TV-Shows: Ich verstehe sie nicht. Mir fehlen die Vokabeln. Ein Kochbuch ist für mich wie das Kamasutra: Ich sehe all die verführerischen Leckereien auf den bunten Bildchen, aber ich habe keine Ahnung, wie *ich* das hinbekommen soll!

Ich hatte mal eine Freundin, die mir die Pistole auf die Brust setzte: „Kaya, entweder du lernst kochen, oder ich bin weg!"

Also habe ich mir schnell das passende Kochbuch besorgt: „Einfache Gerichte, die jeder Vollidiot zubereiten kann." Ich habe sie viermal bekocht, und dann ist sie für immer gegangen. Das fand ich unfair. Beim fünften Versuch hätte ich die Dosenravioli sicher warm gekriegt!

Ich bin so unfassbar miserabel am Herd, dass ich sofort bei jeder Fluggesellschaft als Koch anfangen könnte! Denn selbst meine kalten Dosenravioli sind eine exquisite Delikatesse im Vergleich zu dem Fraß, der uns in Flugzeugen angeboten wird. Warum ist das Essen in Flugzeugen eigentlich immer so schlecht? Wollen die Fluggesellschaften von den engen Sitzen ablenken? Nach dem Motto: „Ich habe zwar weniger Platz als ein Huhn in einer Legebatterie, aber immerhin ist das Platzangebot besser als das Essen"?

Ich persönlich rühre Flugzeugessen generell nicht mehr an. Für mich ist das Körperverletzung. Ich finde das inkonsequent von den Fluggesellschaften: Messer und Sprengstoffgürtel dürfen nicht mit an Bord, aber Mordanschläge durch miserable Lasagne oder brühend heißes Hühnerragout werden nicht geahndet.

Ich mache das nicht mit. Auf die Frage „Hühnchen oder vegetarisch?" reagiere ich überhaupt nicht mehr – es sei denn, die Stewardess ist 1,80 groß, blond und vollbusig. Dann lasse ich mich zu der Gegenfrage hinreißen: „Sie fragen mich: ›Hühnchen oder vegetarisch?‹ Ich frage Sie: 'Solo oder schon vergeben?'"

Ich bin einmal nach Australien geflogen. Ein Flug dauert 24 Stunden. 24 Stunden ohne feste Nahrung. Als wir landeten, war ich fast verhungert. Außerdem hatte ich einen veritablen Tomatensaft-Schock. Ich hatte diesen Flugzeug-Fraß einfach nicht runterbekommen. Meinen Sitznachbarn ging das ähnlich, aber die hatten sich ihr eigenes Essen mitgebracht. Vielflieger scheinen sich auf das schlechte Bordessen einzustellen. Die australische Familie, die zwei Reihen vor mir saß, schmiss über dem Atlantik sogar ihren eigens mitgebrachten Grill an.

So ungern ich selbst koche, so sehr liebe ich es, anderen Menschen beim Kochen zuzusehen – vor allem wenn sie 1,80 groß, blond und vollbusig sind! Ich gebe zu, dass ich auf diese Weise eher selten bekocht werde, aber meine Fantasien diesbezüglich sind ganz normal. Zumindest, wenn man all den Berichten in den Zeitungen und TV-Magazinen glauben darf:

Liebe geht durch den Magen!
Kochen macht erotisch!
Gutes Essen ist besser als guter Sex!

Wer sexy sein will, muss kochen können! Gerade als Mann! Noch vor 20 Jahren galt es als ausgesprochen unmännlich zu kochen.

Jagen? Ja!

Grillen? Gern!

Aber kochen? Niemals!

Heute ist das anders. Der wahre Verführer beginnt das Vorspiel am Herd. Schon die Art, wie er die Zwiebeln schneidet, macht sie wahnsinnig! Er rührt die Mehlschwitze an, wie es nur ein ganzer Kerl kann: markant, kraftvoll, männlich! Wie er das saftige Fleisch in der Pfanne wendet – ihre Knie werden weich. Gleich hat er sie so weit!

Im Schlafzimmer bleiben keine Wünsche offen. So wie er die Kunst des Kochens und Bratens beherrscht, so kennt er sich auch mit dem Körper und den Wünschen einer Frau aus. Er weiß, was sie braucht, wie sie es braucht, und wann sie es braucht! Seine Hände, seine Finger, seine Zunge – sie spielen virtuos Klavier auf den Instrumenten ihrer Lüste. Sie platzt fast vor Verlangen. Der Rhythmus wird schneller. Eine Sekunde, bevor sie auf dem Höhepunkt ihrer Lust wie ein Feuerwerk zu explodieren droht, fängt er an zu schnüffeln: „Sag mal, was riecht denn hier so verbrannt? Scheiße! Die Rouladen!"

Und schon springt Amor aus dem Bett und rast panisch in die Küche! So viel zum Thema Kochen und Erotik.

Auch ich habe den Zusammenhang von Liebe und Essen erfahren. In meinem Fall war es Liebe und Eis. Seitdem bin ich zum echten Eis-Fetischisten geworden. Andere Leute rennen in Latex-Unterwäsche rum oder hängen sich Wäscheklammern an die Brustwarzen – mein Fetisch schmeckt nach Vanille und Erdbeere! Und das macht mir das Leben definitiv leichter, denn ich finde es sehr viel weniger peinlich, erhobenen Hauptes einen Eissalon zu betreten, als mich heimlich in ein Domina-Studio zu schleichen!

Ich war 17 Jahre alt, als ich die Liebe zum Eis entdeckte. Genauer gesagt, entdeckte ich die Liebe zu einer Eisverkäuferin. Sie arbeitete bei der amerikanischen Eisladen-Kette „Häagen Dazs", und als ich sie das erste Mal durchs Schaufenster hinter der Eistheke stehen sah, war ich sofort total in sie verknallt. Ich war natürlich viel zu schüchtern, um sie anzusprechen. Also schrieb ich ihr unzählige Liebesbriefe, aber alle kamen ungelesen zurück. „Adresse unbekannt" hatte die Post darauf gestempelt. Kein Wunder – ich hatte kein einziges Mal die Anschrift richtig geschrieben:

„Hägen Dazz"
„Hääägän Dass"
„Hagän däs"
„Hägars Dach"
„Wetten dasz"
„Daszan häg".

Es war zum Verzweifeln. Also hörte ich auf, Briefe zu schreiben und begann, regelmäßig zu „Häagen Dazs" zu gehen, um meiner Angebeteten so oft wie möglich nahe zu sein. Anfangs kam ich einmal in der Woche vorbei. Dann täglich. Am Ende kam ich auf bis zu acht Besuche am Tag. Und jedes Mal aß ich ein Eis. Wer schon mal bei „Häagen Dasz" war, der weiß, dass deren Eis nicht gerade zu den kalorienreduzierten Genussmitteln zählt.

Als ich es nach zwei Monaten endlich wagte, sie anzusprechen, wog ich wahrscheinlich 184 Kilo. Zumindest habe ich mich so gefühlt. Erstaunlicherweise sagte sie trotzdem „Ja". Sie wurde meine erste Freundin. Irgendwann trennten wir uns, und zwei Wochen später machte die „Häagen Dazs"-Filiale zu ... Seit ich auf Diät war, hatte es einen Umsatzrückgang von 95 Prozent gegeben!

Ich hatte bald wieder meine alte Figur zurück und schwor mir, nie wieder etwas mit einer Frau anzufangen, die in der Gastronomie arbeitet. Aber ich habe mich entwickelt. Ich bin selbstbewusster geworden. Mittlerweile könnte ich eine Frau auch einfach so ansprechen, ohne als Vorwand ihre beruflichen Leistungen in Anspruch zu nehmen. Sonst hätte ich auch nie mit meiner letzten Freundin zusammenkommen können. Sie war Gynäkologin.

Die Freundinnen sind gekommen und gegangen, aber die schönen Gefühle, die der Genuss von Eis in mir auslöst, sind geblieben. Eis gibt mir mehr Glücksgefühle als alle anderen Nahrungsmittel zusammen. Ich esse immer noch regelmäßig Eis. Ich liebe sogar den Geruch von Gefriertruhen - andere schnüffeln an Klebstoff, ich schnüffele an Tiefkühltruhen! Ich berausche mich, indem ich meinen Kopf ins Eisfach halte! Aber ich empfehle nicht, das nachzumachen. Es ist gefährlich. Die Suchtgefahr ist gering, aber wenn man nicht aufpasst, bleibt man mit der Zunge am Eisfach kleben! Und niemand möchte von seinem WG-Kumpel in so einer Position vorgefunden werden!

Wenn man, wie ich, überhaupt nicht kochen kann, muss man sich auf andere verlassen: Bis man von zu Hause auszieht, steht die Mama in der Küche. Dann zieht man aus, und noch vor ein paar Jahren war es so, dass man sich eine Freundin suchte, und die kochte dann. Das ist heute aber nicht mehr so. Wir haben gelernt: Heute kocht der Mann. Das bedeutet, selbst wenn ich eine Freundin habe, stellt sie sich nicht an den Herd und zaubert was Tolles in der Pfanne, sondern sie sitzt am Tisch, trommelt mit Messer und Gabel auf die Tischplatte und schreit:

„Ich habe Hunger, Hunger, Hunger,
habe Hunger, Hunger, Hunger,
habe Hunger, Hunger, Hunger,
habe Durst!"

Und da ich nicht kochen kann, rufe ich entweder beim Pizzataxi an, oder aber ich führe meine Angebetete ins Restaurant. Das geht natürlich auf Dauer ins Geld:

„Kaya, Schatz? Machst du mir zum Frühstück Rührei?"

„Ich habe eine bessere Idee, Hase – ich lade dich ein auf ein Sieben-Gänge-Menu im Gourmet-Restaurant!"

Wer glaubt, teure Restaurants seien automatisch gute Restaurants, der liegt völlig falsch. Ich war vor kurzem in Cannes, jenem weltberühmten Franzosenkaff an der Côte d'Azur. Cannes ist schön. Cannes ist exklusiv. Und Cannes ist teuer. In einem der schönsten Hotels

FACT BOX

Diese ungewöhnlichen **Eissorten**
gibt es in Japan tatsächlich:

Shrimps
Wasabi
Kuhzunge
Pferdefleisch
Seide
Meerwasser

Diese ungewöhnlichen Eissorten
gibt es in Deutschland tatsächlich:

Bier
Salami
Schokolade-Chili
Tomaten-Rosmarin
Feigenkaktus
Schwarzbrot

Auf diese ungewöhnlichen Eissorten müssen wir noch warten:

Teer
Sperrholz-Maracuja
Toastbrot-Mandel
Uhu-Vanille
Angela Merkel
Hausmüll-Orange

von Cannes, dem legendären „Carlton", kostet ein Wochenende mit Meerblick gerne mal 2500 Euro. Ohne Frühstück. Selbst wenn man den Wert der mitgenommenen Bademäntel, Handtücher und Radiowecker abzieht, bleibt immer noch ein hübsches Sümmchen übrig!

2500 Euro wollte ich nicht ausgeben. Aber trotzdem wollte ich die einzigartige Atmosphäre des exklusiven Nobelhotels zumindest ein bisschen genießen und ging zum Abendessen ins Restaurant im „Carlton". Seitdem verbinde ich mit dieser Adresse nur noch eine Vokabel: Ungenießbar!

Und damit meine ich gar nicht mal das Essen: Das war nämlich so mittelmäßig, dass ich am Ende ganz froh war, dass die Portionen so winzig waren! Das stille Wasser, das ich dazu trank, war auch okay (auf Wein hatte ich aus Kostengründen verzichtet, denn der war ungefähr so teuer wie der eben erwähnte Meerblick). Das Essen war nicht das Schlimmste. Etwas anderes war ungenießbar, und das waren die Kellner. Französische Kellner. Arrogante Kellner. Kellner, die dem Gast das Gefühl vermitteln, *er* müsse dem *Ober* in den Mantel helfen! Immerhin haben mir die „Carlton"-Kellner das Gefühl vermittelt, verdammt dankbar zu sein, für das bisschen Essen 200 Euro ausgeben zu dürfen. Ich war so eingeschüchtert, dass ich sogar ein kleines Trinkgeld gegeben habe. Denn es gilt zwar die unausgesprochene Regel: „Kein Service - kein Trinkgeld."

Aber leider gilt auch die zweite Regel: „Kein Trinkgeld - kein Mantel!"

Das mit dem Trinkgeld ist eh so eine Sache. Wie viel gibt man? Gibt man überhaupt etwas? Auf vielen Speisekarten steht ja extra: „Service inbegriffen". Aber das nehme ich nicht ernst – auf der gleichen Karte steht ja auch: „Aus frischen Zutaten zubereitet". Also runde ich den Rechnungsbetrag meistens auf.

Ich habe in Trinkgeldfragen folgende Faustregel:
10 Prozent Trinkgeld, wenn's okay war (kommt häufig vor).
15 Prozent Trinkgeld, wenn's richtig gut war (kommt manchmal vor).
25 Prozent Trinkgeld, wenn die Kellnerin 180 groß, blond und vollbusig ist (kommt selten vor).
100 Prozent Trinkgeld, wenn die Kellnerin 1,80 groß, blond und vollbusig ist, und dir auch noch ihre Telefonnummer gibt (kam noch nie vor).

So gerne ich zum Essen ausgehe: Auch in meinem Leben gibt es Mahlzeiten, die ich nicht im Restaurant zu mir nehmen will, weil sie so intim und persönlich sind, dass sie ohne Publikum stattfinden sollten. Ich spreche vom romantischen Candle-Light-Dinner, dem berühmten „Dinner for two". Bei mir kommt erschwerend hinzu, dass ich von vielen Menschen erkannt werde. Da wird ein „Dinner for two" schnell zum „Dinner for twenty-two" – wir zwei und zwanzig weitere Leute, die nur ganz schnell ein Handyfoto machen wollen. So komme ich nicht in Stimmung. Was also macht ein Kochmuffel wie ich in einer solchen Situation?

Mama kochen lassen geht gar nicht. Folgender Albtraum verfolgt mich seit Jahren: Mama hat für uns gekocht. Meine Flamme und ich haben im sanften Kerzenschein gespeist. Der Champagner geht langsam zur Neige. Der Nachtisch sieht wirklich köstlich aus, doch noch köstlicher sieht mein Gegenüber aus. Also lasse ich den Löffel in der Mousse au Chocolat stecken, beuge mich zu meiner Angebeteten hinüber, will sie küssen – und in dem Moment kommt meine Mama rein und brüllt: „Mein kleiner Kaya, isst du sofort auf, sonst es gibt morgen schlechtes Wetter!"

Ich habe eine Menge Candle-Light-Dinner hinter mir, und mittlerweile weiß ich ganz genau, was ein perfektes romantisches Abendessen braucht:

Der Champagner sollte gut gekühlt sein.

Auf den Tisch gehören frische Rosen und eine weiße Tischdecke.

Die Musikauswahl muss stimmen: nicht zu aufdringlich, aber auch nicht zu seicht.

Das Essen sollte nicht zu schwer sein. Beste Zutaten sind an einem solchen Abend sowieso eine Selbstverständlichkeit. Und für den „Nachtisch" sollte das Bett frisch bezogen und das Schlafzimmer tipptopp aufgeräumt sein.

Mit anderen Worten: Der Abend findet bei ihr statt.

Ich bin zum Glück nicht allein mit meinen Problemen. Meine Kumpels Hakan, Ranjid und Francesco haben auch schon schlimme Reinfälle mit romantischen Abendessen erlebt. Letztens haben wir zusammen gesessen und uns die schönsten Geschichten erzählt.

Ranjid machte den Anfang: „Ich habe mal für eine Frau gekocht, das war total romantisch", kicherte Ranjid. „Ich hatte sogar meine Kuh ins Kino geschickt, damit wir zwei ungestört waren. Als wir beim Hauptgang waren, hab ich ihr meine Liebe gestanden – und dabei wurde sie total rot."

„Is doch konkret gut!", meinte Hakan. „Da war die Alte krass romantisch. Die fand disch süß, Ranjid."

„Nee", meinte Ranjid, „sie wurde nicht rot, weil sie

mich so süß fand, sondern weil mein Curry so scharf war!"

Zugegeben: Hakan ist kein besonders romantisch veranlagter Typ. Er bevorzugt eher den direkten Weg. Aber ein einziges Mal war auch Hakan bei einem romantischen Candle-Light-Dinner in einem schnuckeligen, kleinen Restaurant. Doch die Dame seines Herzens ging allein nach Hause. „Isch versteh die Alte konkret nicht", sagte Hakan zu uns, „Champagner, krasse Austern, scheiße Kerzen – alles war perfekt! Das fanden sogar meine drei Kumpels, die isch mitgebracht hatte!"

Francesco hat von uns allen natürlich die größte Erfahrung, was romantische Abendessen betrifft. Er zündet sogar Kerzen an, wenn er nachts aufsteht und sich ein Butterbrot schmiert. Ein romantisches Abendessen organisiert er mit geschlossenen Augen.

„Und doch habe isse letztens was vergesse!", gab er kleinlaut zu. „Eigentlich hatte isse alles da: Kerze, Rose, Kaviar ... alles war da, inklusive dieser kleine Dinger für de Nachtisch ..."

„Löffelchen?", fragte Ranjid.

„Scheiße Schokostreusel?", fragte Hakan.

„No", sagte Francesco, „Kondome!"

„Und? Wo war das Problem, wenn du an alles gedacht hast?", fragte ich.

„Na ja, isse hatte alles da – außer einer Signorina!"

FACT BOX

Übersetzungsfehler auf ausländischen Speisekarten:

Dummkopf-Creme (= Zucchini-Creme)
Zerteilungs-Handgranate (= Ananas-Stücke)
Isolationsschlauch mit Olivenöl (= Makkaroni)

Nicht nur die Esskultur ist vielschichtiger und komplizierter geworden. Es ist auch nicht mehr möglich, einfach mal einen Kaffee trinken zu gehen. Und ich meine stinknormalen Kaffee, serviert in einer Kaffeetasse. Und nicht Latte macchiato, Caffè Latte, Espresso doppio oder Mocca Frappucino. Guter alter Filterkaffee. Klassisch. Schwarz. Dünn.

Aber Filterkaffee teilt sein Schicksal leider mit dem St.-Helena-Ohrwurm (Labidura herculeana): Er ist ausgestorben! Letztens habe ich versucht, eine Tasse Filterkaffee zu bestellen: Die Kellnerin hat mich angeguckt, als hätte ich frittierten Walpenis in Minzsauce bestellt!

Dir ist nach Kaffee mit Vanillearoma, mit Ahornsirup oder mit Hamstergeschmack? Kein Problem.

Du wünschst Kaffee mit laktosefreier Milch, mit Sojamilch oder mit Sonnenmilch? Gibt's an jeder Ecke.

Du bestellst deinen Kaffee im Glas? Im Becher? In der Vase? Kommt sofort!

Du möchtest eine ganz normale Tasse Kaffee haben? Dann wird der Geschäftsführer geholt, damit er dir kuriosem Sonderling lebenslanges Lokalverbot erteilt.

Ich finde es schade, dass dem Kaffee so übel mitgespielt wird. Immerhin ist die Kaffeebohne über uns Türken nach Deutschland gekommen. Zumindest fast. Wir haben sie bis nach Österreich gebracht, und zwar als die Türken Wien belagerten. So hat es mir jedenfalls mein Vater erzählt (nicht, dass der die Belagerung persönlich mitgemacht hätte, aber er erzählte gern von wahren und angeblichen Heldentaten seines Volks). Wir Türken haben die Kaffeebohne also bis nach Wien gebracht. Gut, wir sind auch nur bis Wien *gekommen*. Wir hätten sie den Deutschen auch gern persönlich überreicht, vielleicht sogar auf der „Zeil" in Frankfurt:

„Kssss – willst du Kaffee?"

Wir Türken standen zweimal vor Wien: Die erste türkische Belagerung fand 1529 statt, die zweite 1683. Die zweite Belagerung dauerte mehrere Monate lang, und das war ohne Kaffee natürlich nicht durchzustehen! Wenn man Woche für Woche von außen auf Wien starrt, dann kann das ganz schön langweilig werden. Also haben die türkischen Belagerer von morgens bis abends Kaffee getrunken, um halbwegs wach zu blei-

FACT BOX

Der schwedische König Gustav III. wagte Mitte des 18. Jahrhunderts ein makaberes Experiment, um die **Schädlichkeit** von **Kaffee** nachzuweisen.
Er ließ zwei zum Tode verurteilte Häftlinge begnadigen. Einem wurde befohlen, täglich Kaffee zu trinken, der andere durfte ab sofort nur noch Tee konsumieren.
Der König ließ das Experiment von zwei Medizinern beobachten.
Er ging davon aus, dass der Kaffeetrinker zuerst sterben würde.

Es kam anders:

Zuerst starb der eine Arzt.

Dann starb der andere Arzt.

Dann starb der König.

Und dann der Teetrinker.

ben. Nach drei Monaten sind sie wieder abgezogen. Und dabei passierte es!

Jeder kennt das. Man ist im Ausland, und bei der Abreise sagt man sich: „Mein Gepäck ist so schwer – da lasse ich die angebrochene Shampooflasche lieber hier." So ging es meinen Vorfahren auch, nur, dass sie natürlich keine Shampooflasche zurückließen, sondern einen Sack Kaffee.

Ein Österreicher hat den Sack dann gefunden, und seine Landsleute haben sich gefreut: „Hm, Kaffee, i werd narrisch! Der poasst ja hervorragend zu unsan Topfnstrudl!"

So ist der Kaffee nach Europa gekommen. Vielleicht. Aber auch wir Türken haben die Kaffeebohne nicht als Erste entdeckt. Wir haben sie von den Arabern übernommen. Die wiederum haben die Kaffeebohne von den Afrikanern. Und auch der äthiopische Nomadenstamm, der vor 2000 Jahren die Kaffeebohne entdeckte, brauchte fremde Hilfe, um die speziellen Qualitäten dieses Lebensmittels zu erkennen.

Der Stamm zog damals mit einer Herde von 20 äthiopischen Bergziegen durch die Gegend. Eines Tages kam eine der kleinen Ziegen an einem Kaffeestrauch vorbei und schnupperte: „Mäh! Das riecht aber lecker! Hab ich voll Bock drauf!"

Sie riss ein paar Kaffeebohnen ab und zerkaute sie. Was dann passierte, kann sich jeder ausmalen, der auch schon mal Kaffeebohnen zerkaut hat: Die kleine Ziege war bis zu den Hörnchen voll mit Koffein, und als alle anderen Ziegen schon längst schliefen, war die kleine Ziege immer noch hellwach: „Määäääääh! Määäääääääh! Mäh Mäh Mäh Mäh Määäääh Mäh!"

Diese nächtliche Ruhestörung wiederum ging den

Nomaden so sehr auf den Keks, dass sie das arme Ding schlachteten und übers Feuer hielten: So wurde zum ersten Mal Kaffee geröstet!

Diejenigen Nomaden, die von der Ziege aßen, konnten die ganze Nacht kein Auge zumachen, und die belebende Wirkung des Kaffees war endlich kein Geheimnis mehr!

Das ist 2000 Jahre her. In der Zubereitung von Kaffee machte die Menschheit seitdem rasche Fortschritte.

Und das ist gut so, denn ich habe lieber 20 Kaffee-Pads in der Küche als eine Herde äthiopischer Bergziegen!

Ernährung ist zu einem undurchdringlichen Dschungel geworden. Essen und Trinken ist eine Wissenschaft für sich. Die Vielfalt von Nahrungsmitteln und Getränken macht mich fertig. Ich weiß überhaupt nicht mehr, was richtig ist und was nicht. Ich kaufe mittlerweile nur noch im Bioladen ein. Und zwar immer im selben. Denn dort bin ich mir sicher:

Das Zeug ist wahnsinnig gesund, obwohl es nicht schmeckt.

Das Zeug ist wahnsinnig teuer, obwohl ich nicht mit EC-Karte bezahlen kann.

Und die Verkäuferin berät mich wahnsinnig gut, obwohl sie nicht mein Typ ist: 1,50 groß, beigehaarig, blass.

KAPITEL 8

Rausch

„Isch bin konkret 100-Prozent-Typ:

Isch rauche nicht – isch brenne!"

Hakan

Was haben das Münchner Oktoberfest, ein Konzert der „Flippers" und ein verdorbenes Mettbrötchen gemeinsam? Richtig: Danach hängt man garantiert kotzend über der Schüssel! „Dann doch lieber Oktoberfest", denken sich jedes Jahr ungefähr sechs Millionen Menschen. So viele Besucher strömen nämlich Jahr für Jahr auf die Münchner Theresienwiese, um das Bier hektoliterweise in sich hineinfließen zu lassen und sich auf diese Weise gepflegt aus der Umlaufbahn zu schießen. Und das in Deutschland, einem zivilisierten und kultivierten Land, das Drogenkonsum selbstverständlich aufs Schärfste verurteilt.

In dieser Hinsicht bin ich typisch deutsch: Auch ich prangere Drogenmissbrauch an! Natürlich ist es nicht wünschenswert, eine Party reihernd in einem wildfremden Badezimmer über der Toilettenbrille zu beenden. Es sieht ganz abgesehen davon auch nicht vorteilhaft aus, wenn man kniend und würgend vor dem Klo hockt, und die hübsche Gastgeberin kommt rein und stellt die schlimmste Frage aller Fragen: „Geht's dir nicht gut?"

Die charmanteste Antwort wäre da noch: „Ich habe mir gerade vorgestellt, die Nacht ohne dich zu verbringen - und bei dem Gedanken wurde mir schlagartig schlecht!" Ob sie sich allerdings dazu durchringen kann, einen kaltschweißigen, nach Erbrochenem schmeckenden Jüngling mit weichen Knien und vollgekotztem Kaschmirpullover mit ins Bett zu nehmen, ist mehr als fraglich.

Deshalb möchte ich gerade die jüngeren Leser dazu auffordern, die Finger vom Alkohol zu lassen! Außerdem wollen die Alten schließlich auch noch was von dem Zeug abbekommen!

FACT BOX

Im Mittelalter haben Ärzte Wein als Medikament verschrieben.

Vermutlich haben sie so doppelt an ihren Patienten verdient: Am einen Tag mit dem Rheinwein, und am nächsten Tag mit den Kopfschmerztabletten!

Im Ernst: Zu viel Alkohol ist schädlich für Körper und Geist. Ich selbst gehe mit gutem Beispiel voran: Zu Hause trinke ich zum Beispiel fast gar keinen Alkohol. Ein Bierchen vorm Fernseher ist für mich unvorstellbar. Aber ich kenne Männer, die sind abends um Viertel nach acht schon so blau, dass sie bei *Aktenzeichen XY* anrufen und für Model Laura stimmen, weil sie Rudi Cerne und Heidi Klum nicht mehr auseinanderhalten können!

Ich bin da komplett anders. Ich habe beim Fernsehen immer einen klaren Kopf. Schokolade, Chips, Erdnüsse? Gern. Aber dazu nehme ich dann kein Sixpack Dosenpils, sondern ein stilles Wasser, ein Gläschen Apfelsaft oder eine Tasse grünen Tee. Das faszinierende Ergebnis dieser Selbstdisziplin: Wenn Boxen läuft, bin ich nüchtern. Darum weiß ich im Gegensatz zu sehr vielen deutschen Männern auch, dass beim Boxen das Ergebnis schon vorher feststeht.

Ich habe mir auch noch nie Carmen Nebel schöngetrunken. Gut, das hat noch niemand geschafft, aber ich habe es noch nicht einmal versucht! Ich habe außerdem schon solch schreckliche Fernsehprodukte wie

Heimwerkershows und Auswanderersendungen ohne einen Tropfen Alkohol ertragen. Alles nur mit reiner Willenskraft!

Aber ich gebe zu: Je später der Abend wird, desto schwieriger wird es, das deutsche TV-Programm nüchtern zu ertragen. Spätestens bei der Quiz-Tante, die nachts um drei die Bommel von ihren Brustwarzen zieht, damit jemand anruft und eine Automarke nennt, die mit „Mitsubish" anfängt, hilft auch kein Alkohol mehr: Da hilft nur abschalten oder sich mit einem Hammer so lange auf den Kopf hauen, bis es für immer dunkel wird!

FACT BOX

Im alten Ägypten wurden Pyramidenarbeiter täglich mit zwei Krügen Bier entlohnt.

Saufende Bauarbeiter haben also eine lange Tradition.

Ich mache mir also nichts aus Alkohol. Ich mag ihn einfach nicht. Wenn jemand vom tollen Geschmack eines kühlen Biers schwärmt, kann ich nur mit den Schultern zucken. Verstehe ich nicht. Da könnte er mir auch davon erzählen, wie gern er seine Zehen in Gullydeckeln einklemmt oder wie lecker es sei, in Parkscheinautomaten zu beißen. Wir leben in einem freien Land. Wenn ihm das Spaß macht – bitte! Aber ich brauche das nicht.

Ich werde auch total schnell betrunken. Wenn ich Komasaufen machen will, dann gurgle ich eine Runde mit Odol – das reicht! Ein „Mon Cheri", und ich falle um! Wenn David Hasselhoff mich anhusten würde, dürfte ich nicht mehr Auto fahren!

Aber natürlich habe ich auch schon mal richtigen Alkohol getrunken. Das erste Mal habe ich es mit 18 oder 19 probiert. Aber nicht etwa Bier oder Wein – nein! Man glaubt als junger Mann ja, dass man unbesiegbar ist. Darum fiel meine Wahl auf ein durchsichtiges, harmlos aussehendes Getränk, das in einer unschuldigen Flasche mit einem lustigen roten Hütchen drauf gereicht wird: Tequila! Ein typischer Anfängerfehler! Das ist ungefähr so, als wolltest du dich zum ersten Mal prügeln und forderst dafür ausgerechnet die Klitschkos raus!

Dummerweise hatte ich an dem Abend auch noch Durst. Und vielleicht hätte ich vorher besser drei oder vier große Apfelschorlen trinken sollen und nicht die gleiche Menge Tequila! Habe ich aber nicht. Darum war ich nach dem Abend natürlich total hinüber.

Tequila ist aber auch gemein: Tut farblich so, als wäre es Wasser, wirkt aber vollkommen anders. Wenn in den Weltmeeren Tequila statt Wasser wäre, gäbe es ein schlimmeres Fischsterben als bei der Ölpest im Golf von Mexiko. Aber nicht durch Alkoholvergiftung – sondern weil die Fische sagen würden: „Boh, wir sind so blau, wir können nicht mehr geradeaus schwimmen – kommt, wir legen zusammen und nehmen uns einen Taxi-Hai!"

Tequila ist also alles andere als Wasser. Und man trinkt ihn auch nicht wie Wasser. Tequila zelebriert man: Salz auf die Hand, ablecken, Tequila schlucken, und zum Schluss in die Zitrone beißen ... oder wie war das? Zitrone, Tequila, Salz? Salz, Zitrone, Tequila? Stein, Papier, Schere? In den Tequila beißen, die Zitrone ablecken und das Salz schlucken? Ich vergesse das immer wieder! Ich meine, man kann sich das auch immer wieder laut vorsagen, um es nicht zu vergessen. Aber man erntet in der Kneipe die merkwürdigsten Blicke, wenn man vor seinem Getränk sitzt und ständig murmelt: „Lecken - schlucken - beißen. Lecken - schlucken - beißen."

Ich habe auf jeden Fall mit 18 oder 19 Jahren das Zeug zum ersten Mal getrunken. Schön brav angefangen mit Salz. Tequila. Zitrone. Dann noch mal: Salz. Tequila. Zitrone. Dann hab ich die Zitrone weggelassen. Mit jeder Runde wurde die Reihenfolge unwichtiger. Irgendwann war ich bei Salz, Tequila, Tequila, Tequila, Tequila.

Und nach dem 15. Tequila habe ich das Salz geschnieft! Ich war sturzbesoffen! Ich hatte richtig Spaß, und ich habe alle Frauen angequatscht. Deshalb war die Kneipe auch nach zwei Minuten leer. Frauen stehen nicht darauf, von besoffenen Männern angequatscht zu werden. Dafür müssen sie nicht ausgehen - das können sie auch zu Hause haben!

Dann hatte ich auf einmal einen Filmriss. Hat man mir jedenfalls gesagt. Ich kann mich ja nicht mehr erinnern. Ich hatte ja schließlich einen Filmriss. Ich kann mich erst wieder daran erinnern, dass ich nach Hause gelaufen bin. Es war schon hell.

Ich kam zu Hause an, ich wollte mich ins Bett legen, aber das Bett bewegte sich! Wenn man mit einer Frau drin liegt, ist das ja super - aber allein?

Ich so: „Hey, Bett, bitte wackel nicht so, mir ist schlecht!"

Und das Bett: „Nein Kaya, du *hast* schon gefeiert, jetzt will *ich* meinen Spaß haben! Komm, fang mich doch!"

Dann lag ich auf meinem Bett, und plötzlich bewegte sich das Haus! Ich so: „Hey, Haus, bitte wackel nicht so!" Und das Haus: „Nein, Kaya, ich will auch meinen Spaß haben. Pass mal gut auf!" Und dann kam mein ganz privates Erdbeben!

Mein Vater kam rein, und ich: „Hey, Papa, hör auf zu wackeln." Und mein Vater setzte sich zu mir ans Bett, total lieb, total fürsorglich. Er strich mir übers Haar und wollte sagen: „Du armer Kerl – jetzt sitzt du aber ganz schön in der Patsche." Stattdessen sagte er: „Du kriegst gleich Pfanne!"

Lieb gemeint, aber es half nichts. Vor allem brauchte ich nicht Pfanne – ich brauchte Schüssel! Von den ganzen Schwindelgefühlen wurde mir schlecht. Ich musste kotzen. Ich bin aufs Klo gerannt: „Hoffentlich schaff ich's noch."

An meiner Mutter vorbei: „Hoffentlich schafft der's noch."

Durch den wackelnden Flur: „Das schaffst du nie!"

Ich kam im Badezimmer an. Ich war zum ersten Mal in meinem Leben besoffen. Mir war schlecht. Ich hatte Kopfschmerzen. Ich wusste nicht, dass sich das so anfühlt! Warum steht auf allen Zigarettenpackungen „Rauchen macht Krebs", aber auf den Flaschen steht nicht „Von Tequila muss man kotzen"?

Egal, diese Kombination aus Kloschüssel und Tequila-Birne machte mich unendlich demütig: Ich fiel auf die Knie. Ich hatte keine Chance – einer gegen zwei: Kaya gegen *Villeroy und Boch*!

Ich hab die Kloschüssel auf jeden Fall erst einmal abgeknutscht: „Schön, dass du da bist – ich hab dich echt gebraucht, weißt du ..." Und die Kloschüssel: „Äääääh ..."

Ja, es war so! Ich schwöre! Die Kloschüssel fing an, mit mir zu reden: „Na? Was haben wir denn getrunken, Kaya? Tequila? Aaaah, böse! Komm, gib's mir, ich kann damit umgehen ...“

Genau so haben wir es gemacht! Ich war so froh, dass ich die Kloschüssel hatte. Und nicht ein Plumpsklo wie in der Türkei. Da hältst du deinen Kopf rein und die Kakerlaken so: „Ey! Was kotzt du, bist du bescheuert?“

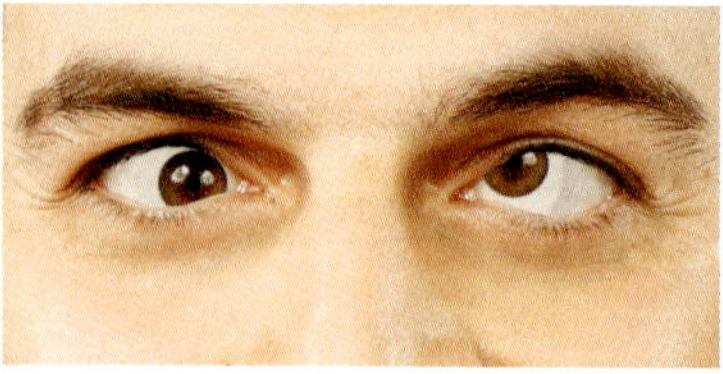

nach 1 Tequila

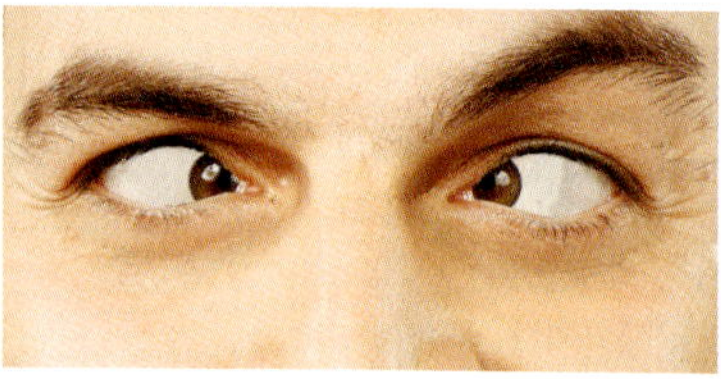

nach 3 Tequila

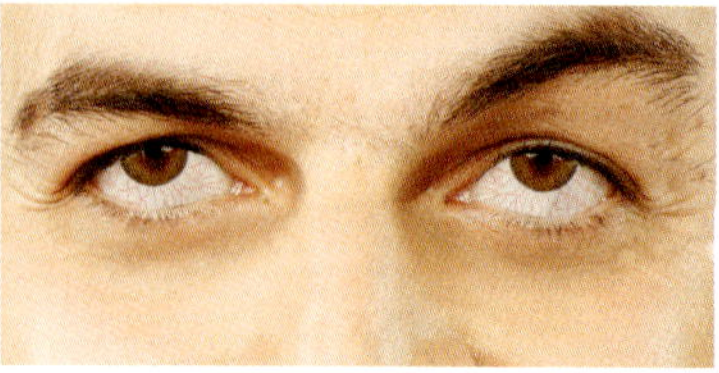

nach 10 Tequila

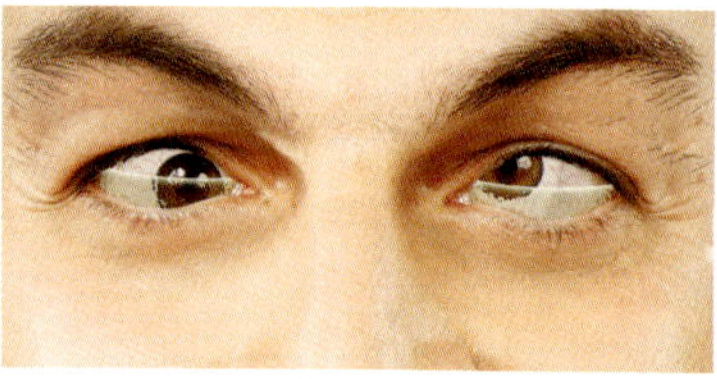

nach 20 Tequila

Das letzte Mal, dass ich zu viel getrunken hatte, ist schon sehr lange her. Damals wollte ich mich von meinem besten Kumpel aus der Kneipe abholen lassen. Ich habe 30 Minuten gebraucht, um die Nummer zu wählen. Und dann auch noch die falsche Nummer:

„DIDDEL-DIDDEL-DITT. DIDDEL-DIDDEL-DITT. DIDDEL-DIDDEL-DITT!“

„Ist da der Florian?“

„Nein!“

Aufgelegt. Nächster Versuch.

„DIDDEL-DIDDEL-DITT. DIDDEL-DIDDEL-DITT. DIDDEL-DIDDEL-DITT!"

„Ist da der Florian?"

„Nein."

Aufgelegt.

„DIDDEL-DIDDEL-DITT. DIDDEL-DIDDEL-DITT. DIDDEL-DIDDEL-DITT!"

„Flo...?"

„Sagte ich doch eben: Nein!"

Klack.

„DIDDEL- DI..."

„NEIN!!!!!"

„DI..."

„Okay, okay, verdammte Nervensäge! Dann ist hier halt der Scheiß-Florian. Was willst du?!"

„Äh, Florian, entschuldige die späte Störung, aber ... ist der Hakan bei dir?"

Daraufhin legte „der Scheiß-Florian" so laut auf, dass ich doch lieber ein Taxi genommen habe ...

Seitdem bin ich mit Alkohol sehr viel vorsichtiger. Wenn ich mit Freunden essen gehe oder auf einer Party bin, dann trinke ich allerdings auch mal gern ein Glas Wein. Wobei ich mich natürlich überhaupt nicht auskenne. Woher auch? Aber wenn man die riesige Weinkarte einmal in der Hand hat, dann will ich vor meinen Freunden auch nicht dastehen wie der letzte Depp. Also wandert mein Finger die lange Liste mit den vielen fremden Begriffen entlang.

Riesling? Ist das nicht dieser nervöse Kabarettist?

Müller-Thurgau - hm ... ja, ich erinnere mich! Die ist doch in der FDP!

Chardonnay - Gesundheit!

Wenn der Kellner dann kommt, tippe ich irgendwo drauf und lasse mich überraschen. Meistens geht das auch gut, aber letztens hab ich auf diese Weise bestellt, und der Kellner rief einmal quer durch den ganzen Laden: „Gaby, machst du dem Herrn Yanar mal eine Karaffe von dem ›Alle Preise verstehen sich inklusive Bedienung und Mehrwertsteuer‹?"

Zu Hause bei uns wurde nicht viel Alkohol getrunken. Meine Eltern sind Türken. In islamischen Kulturen ist Alkoholgenuss verboten. Eigentlich. Es gibt natürlich eine Ausnahme: Raki. Der türkische Tequila. Nur ohne roten Hut. Und ohne Salz. Und ohne Zitrone. Warum ein Kulturkreis, in dem Alkohol verpönt ist, ausgerechnet ein Nationalgetränk hervorbringt, das 40 bis 50 Prozent Alkoholanteil hat, ist mir ein Rätsel. Aber gut, in Schweden legen sich die legendär schönen Schwedinnen ja auch in billige, hässliche Ikea-Betten. Wer diesen Vergleich nicht versteht, der sollte zwei bis drei Raki trinken – danach leuchtet der total ein!

In Sachen Alkohol waren meine Eltern vorbildlich. Aber dafür rauchten sie. Beide. Mein Vater rauchte Pfeife, und meine Mutter rauchte Zigaretten. Von morgens bis

FACT BOX!

Alkoholgehalt

Absinth: 90%, Strohrum: 80%
Doppelkorn: 38%,Wodka: 37,5%

Frühstück von Amy Winehouse: 158%

abends. Wenn wir das Wohnzimmerfenster aufmachten, ging draußen Smogalarm los! Mein Bruder und ich gingen irgendwann nicht mehr auf Kindergeburtstage, weil man uns beim Spiel „Blinde Kuh" immer sofort fand: Uns musste man nicht *sehen* – uns *roch* man!

Heute ist so etwas nicht mehr vorstellbar. Selbst in Kneipen und Diskotheken herrscht Rauchverbot. In Restaurants selbstverständlich auch. Aber es ist noch gar nicht so lange her, da war es das Normalste von der Welt, dass der Tischnachbar im Feinschmeckertempel fragte: „Entschuldigen Sie – stört es Sie, wenn ich meine Zigarre in Ihrem Cordon bleu ausdrücke?"

Das Rauchverbot sorgt auch für allerlei lustige Missverständnisse: Wenn man zum Beispiel früher eine Frau frierend und rauchend auf der Straße stehen sah, dann war das meistens eine Prostituierte – heute sind es Versicherungsangestellte, die in ihren vollklimatisierten Großraumbüros nicht rauchen dürfen! Francesco hat es selbst erfahren müssen:

Francesco meint:

„Isse habe eine schöne, rauchende Signorita an de Straße-Ecke 50 Euro gebote für heiße Amore. Sie gab mir Ohrfeige, weil sie nicht war eine … wie sagt man … Liebesmädche, sondern Sachbearbeiterin GRU bis MÜL von de Krankenkasse. Isse habe mich sofort entschuldigt - und ihr 100 Euro gebote!"

Ich finde das Rauchverbot gut. Ich habe selber nie geraucht. Mein Kumpel Francesco gönnt sich aber hin und wieder eine Zigarette. Allerdings nur nach dem Sex. Die berühmte „Zigarette danach". Die Frauen sind also gewarnt, wenn sie demnächst Francesco auf einer Party begegnen und er hat eine ganze Stange Kippen unterm Arm!

Hakan ist ein cooler Typ, der nichts anbrennen lässt, aber nach dem Sex raucht er nie – aus Prinzip nicht! Außerdem geht der Geruch so schlecht wieder raus aus seinem 3er-BMW!

Und Ranjid? Ranjid lebt sehr solide. Viel zu solide für die Zigarette danach. Das weiß ich von ihm selbst, denn ich hab ihn gefragt: „Ranjid, was hältst du von der Zigarette danach?"

Und Ranjid sah mich nur mit seinen großen Augen an und fragte: „*Wo* nach?"

FACT BOX

Jeder Deutsche raucht im Schnitt 1065 Zigaretten im Jahr.

Es sind sogar nur 825 pro Kopf, wenn man Helmut Schmidt aus der Statistik rausrechnet!

Dafür haben Hakan, Ranjid und Francesco andere Drogenerfahrungen gemacht. Denn was die meisten Deutschen nicht wissen: Es gibt noch weitere Wege, die Wahrnehmung zu trüben, als Doppelkorn zu trinken oder die Brille nicht zu putzen.

Ich kenne mich zumindest theoretisch aus. Ich komme aus Frankfurt. Auf anständige Weise verdient hier keiner sein Geld: Entweder man ist Nutte, Dealer oder Banker. Mein Thema sind die Dealer. In Frankfurt gibt es Dealer aus allen möglichen Nationen. Und alle stehen auf Frankfurts berühmtester Einkaufsstraße, der „Zeil". Mehr junge Menschen aus aller Welt auf einem Fleck sieht man sonst nur bei der Eröffnungsfeier zu den Olympischen Spielen! Und jede Nation macht anders auf ihr Angebot aufmerksam. Am lautesten und auffälligsten sind die Marokkaner. Wenn ein marokkanischer Dealer einen potenziellen Kunden erblickt, brüllt er über die gesamte Länge der Fußgängerzone: „Ey! Haschisch?"

Meine Landsleute, die Türken, sind da viel dezenter. Sie sprechen grundsätzlich mit leiser, gedämpfter Stimme, und sie kommen mit einem Geräusch und zwei Worten aus: „Ksss! Suchst du?"

In Frankfurt gibt es sogar indische Dealer! Ich habe mal einen erlebt. Er war natürlich höflich wie alle Inder, aber andererseits war er auch unheimlich dreist. Ich saß mit meiner damaligen Freundin beim Italiener, als er plötzlich hinter mir stand. Er grinste uns beide an und fragte: „Wolle Droge kaufe?"

Ich habe ihm keine Drogen abgekauft, allein schon deswegen, weil meine Mutter dieses Buch lesen wird!

Ich habe auch noch nie gekokst. Ich finde, Koksen ist Gottes Art zu sagen: „Du verdienst zu viel Geld." Viele Partyhengste schwören auf Koks und sagen mir: „Kaya, wenn du Koks nimmst, dann bist du die ganze Nacht hellwach!" Das kann ja sein, aber mein Lebenswandel ist so seriös – den gleichen Effekt erreiche ich auch mit einem einfachen Espresso!

Ein paar von meinen Kumpels kiffen auch. Das kam für mich auch nie infrage. Ich mag es nicht, es riecht nicht gut, und vor allem: Kiffen macht langsam. Wenn man mit Kiffern Fußball guckt, kann es passieren, dass die bei der Zeitlupe zum 3:1 sagen: „Ey, Kumpel – wieso spulst du vor? Was soll die Hektik?"

Hakan hat zum Beispiel einmal eine Tüte geraucht. Aber wirklich nur einmal. Das soll man eigentlich nicht machen. Heute weiß Hakan das auch. Damals aber war er einfach neugierig:

Hakan meint:

„Ich hab damals eine einzige Joint geraucht. Aber ich war krass enttäuscht: Alles hat sich konkret gedreht – nur ich nicht!"

Francesco hat eine Zeit lang auf Pillen geschworen. Aber natürlich nicht Ecstasy oder LSD, sondern Potenzpillen.

Francesco meint:

„Isse hatte eine Rendezvous mit schöne Signora. Also habe isse in meine Schlafzimmer alles perfetto vorbereitet: Rose, Kerze, Musik, Champagner, Seidenbettwäsche … und am Ende isse habe genomme ganze Monatspackung von de blaue viereckige Wunderpille! Aber isse hatte mich vertan: Rendezvous war eine Tage später. So isse musste schlafe die ganze Nacht auf de Rücke!"

Die eigenartigste Drogenerfahrung von uns vier Jungs hat ausgerechnet der brave Ranjid gemacht. Ranjid ist ein ganz naturverbundener Mensch: Er kauft Bio. Wenn er Kondome bräuchte, wären die aus Jute. Und er bevorzugt Naturdrogen. Chemische Drogen wie LSD würde Ranjid nie anrühren. Letztens kam er an und hatte einen Frosch in der Hand: „Guck mal, Kaya! Ist das nicht toll?"

Ich guckte: „Nein, Ranjid, das ist nicht toll – das ist ein Frosch!"

„Ja, aber der kommt aus Amerika!"

Ich bin ein höflicher Mensch. Darum sagte ich: „Hi, I'm Kaya!"

Ranjid fühlte sich ein bisschen verarscht: „Nein, Kaya, das ist ein besonderer Frosch. Aus der Haut von diesem Frosch kommt eine Flüssigkeit. Und wenn du diese Flüssigkeit ableckst, dann soll dich das high machen."

Das gibt es wirklich: Es gibt Leute in den Vereinigten Staaten von Amerika, genauer gesagt in Arizona, die lecken an Fröschen! Nicht, weil sie glauben, dass die Frösche sich dann in Prinzessinnen, Cheerleader oder Jennifer Aniston verwandeln! Nein, die Amerikaner lecken an den Fröschen, um high zu werden! Vielleicht liegt es daran, dass in Amerika wirklich nirgendwo mehr geraucht werden darf, aber an Fröschen lecken – darauf muss man erst mal kommen!

Meine Frage lautet deshalb: Wer ist darauf gekommen? Wie ist das passiert? Hier meine Theorie:

Arizona. Draußen. Es ist Nacht. Zwei Jäger sitzen schweigend am Lagerfeuer und starren in die Flammen. Bis auf das Knacksen der Äste im Feuer ist es still. Auf einmal hören sie Geräusche.

„Quaaaaak! – Quaaaaak!"

Der eine Jäger bricht das Schweigen: „Jim, das sind Frösche!"

„Ja, John, das ist korrekt. Was sollen wir mit ihnen machen?"

John schaut nach links, er schaut nach rechts. Er schaut hinter sich und kontrolliert, ob sich irgendjemand im Dickicht versteckt. Als er ganz sicher ist, dass die beiden allein sind, flüstert er: „Wir könnten sie ... lecken!"

So könnte es gewesen sein. Aber wer kennt schon die andere Seite?

„Quaaaak, Hüpfi, das sind Jäger!"

„Quaaaak, ja, Hopsi, das ist korrekt. Sollen wir uns lecken lassen?"

Ich habe damals natürlich *nicht* an dem Frosch geleckt, so sehr Ranjid mich auch gebeten hat. Denn auch Naturdrogen sind und bleiben Drogen. Und von Drogen lasse ich die Finger. Seit ich weiß, dass es sogar Pilze gibt, die halluzinogene Wirkung haben, bin ich auch extrem vorsichtig in bürgerlichen Speiselokalen. Ich warte immer noch darauf, dass im „Gasthaus zur Post" ein zünftiger Kellner an meinen grob gezimmerten Eichentisch kommt, sich verstohlen umschaut und mir dann ins Ohr zischt: „Ksst - suchst du Jägerschnitzel?"

KAPITEL 9

Feste und Rituale

„Wenn Sankt Martin ist, kriege ich immer Süßigkeiten – aber nur wenn ich *aufhöre* zu singen!"

Ranjid

Eine Umfrage unter meinen 500 000 besten Freunden hat ergeben: Wenn nach typisch deutschen Eigenschaften gefragt wird, fallen sehr häufig Antworten wie „Pünktlichkeit", „Fleiß" und „Strandliegen mit Handtüchern reservieren". Viel seltener sind hingegen die Antworten wie „Fische mit den Händen fangen", „Chinesen und Japaner auseinanderhalten können" und „ausgelassen feiern".

Auch wenn das mit den Fischen und den Chinesen seine Richtigkeit haben mag, beim dritten Punkt habe ich persönlich einen ganz anderen Eindruck von meinen deutschen Landsleuten: Ich finde, die Deutschen können genauso gut feiern wie die anderen Nationen! Mindestens! Sonst wäre der „Ballermann 6" auf Mallorca schon längst pleite!

Meine Erfahrung nach fast 40 Jahren in Deutschland ist: Deutschland ist eine fröhliche, unverkrampfte und gut gelaunte Nation. Der ganzen Welt haben die Deutschen ihre Feierlaune bei der Fußballweltmeisterschaft 2010 gezeigt: Public Viewing! Autofähnchen! Fanmeile! Die Welt zu Gast bei Freunden! Deutsche lagen sich und anderen in den Armen!

Da rieben sich viele ausländische Besucher ungläubig die Augen und dachten: „Gut, es ist jetzt kein Samba, aber dafür, dass sie den Krieg verloren haben, ist es nicht schlecht!"

Eigentlich müsste ich glücklich sein, in Deutschland aufgewachsen zu sein und nicht in der Türkei, denn in der Heimat meiner Eltern wird viel weniger gefeiert als hier: Opferfest, Fastenbrechen, hin und wieder mal eine Beschneidung – und das war es auch schon fast.

In Deutschland ist dagegen immer was los! Neben den vielen offiziellen Feiertagen wie Weihnachten,

Ostern und Tag der deutschen Einheit gibt es unfassbar viele weitere Feieranlässe, bei denen man sich nach Herzenslust bedienen kann, unter anderem:

> **Das Münchner Oktoberfest** (September/Oktober),
> **den Kölner Karneval** (ab 11. November),
> **verschiedene Schützenfeste**
> (genaue Termine in der Tagespresse),
> **den Tag des Kindes** (20. September),
> **den Tag der Briefmarke**
> (letzter Sonntag im Oktober),
> **den Tag der Jogginghose**
> (erstmals 21. Januar 2010),
> oder auch **den Tag des unfreundlichen Türstehers**
> (Hakans Geburtstag).

Schon in meiner Kindheit wurde in ganz Deutschland überall viel und fröhlich gefeiert. Jung und Alt, Ost und West, Arm und Reich – alle waren voll dabei! Es gab nur eine einzige Ausnahme: Familie Yanar.

Bei uns war nie Feierstimmung. Silvester ging mein Papa um zehn Uhr abends ins Bett. Und wir durften noch eine halbe Stunde länger aufbleiben. Man kann sich das kaum vorstellen, aber es ist wahr: Ich habe mit 25 Jahren meine erste Luftschlange gesehen!

Mein Vater hatte keine Ahnung vom Feiern, und er hatte auch kein Interesse daran. Wenn er gekonnt hätte, hätte er seine eigene Beschneidung geschwänzt! Dabei hatten wir die besten Voraussetzungen für einen vollen Partykalender. Denn wir hatten Grund, sowohl die islamischen als auch die christlichen Feste zu feiern. Und das kam so:

Als mein Bruder und ich eingeschult wurden, musste mein Vater sich entscheiden, in welchen Religionsunterricht wir beide gehen sollten. Damals, 1979, gab es nur zwei Möglichkeiten: evangelischen oder katholischen Unterricht. Das hat meinen Vater komplett überfordert. Er stand vor der Lehrerin und fragte: „Hä?"

Die Lehrerin erklärte es ihm: „Sehen Sie, Herr Yanar, es gibt katholischen und evangelischen Religionsunterricht, wobei beides christliche Konfessionen sind, die ..."

„Hä?"

Sie erklärte es ihm noch einmal: „Schauen Sie, Herr Yanar, es gibt katholischen und evangelischen Religionsunter..."

„Hab ich richtig verstanden? Gibt es zwei Religion hier, hä? Kathelisch und evangolisch?"

„Katholisch und evangelisch, Herr Yanar!"

„Und ich muss jetzt entscheide, welche die von beide? Ich hab keine Ahnung. Erkan, du gehst kathelisch. Und Kaya, du gehst evangolisch."

„Kathelisch". „Evangolisch". „Arschkopf". So war mein Vater.

Es klingt zwar lustig, aber es ist die Wahrheit: Mein Vater schickte tatsächlich meinen Bruder zu den Katholiken und mich zu den Protestanten. Da saß ich ohne Erkan zwischen all den kleinen evangelischen Deutschen, und die Lehrerin fragte mich: „Kaya, wo ist denn dein Bruder?" Und ich antwortete wie ein echter, aufrechter Protestant: „Bei den Scheißkatholiken!"

Mein Vater wurde erneut in die Schule zitiert und gefragt: „Herr Yanar, Erkan ist bei den Katholiken, Kaya bei den Protestanten ... wieso haben Sie sich für einen so ... komplizierten Weg entschieden?"

„Wollte nix falsch machen!"

„Gut, aber wir glauben, dass das für die beiden Geschwister eine eher unglückliche Konstellation ist!"

„Kein Problem, Lehrerin! Dann tauschen die beiden! Erkan wird evangolisch, und Kaya wird kathelisch!"

In Glaubensfragen waren wir also eine echte Patchworkfamilie: Meine Mutter war Muslimin, mein Bruder Katholik, ich Protestant, und meinem Vater war alles scheißegal. Neben den vielen Nachteilen, die so eine religionsgemischte Gemeinschaft mit sich bringt (verschiedene Lieder, getrennte Pfarrbüchereien, irgendeiner von uns musste immer fasten), hätten wir auch den riesigen Vorteil dieser Konstellation nutzen sollen: Wir waren nämlich die einzige Familie im ganzen Viertel, die sowohl den muslimischen Ramadan als auch den evangelischen Reformationstag und den katholischen Fronleichnam hätte feiern können! Wenn wir die Feiertage aller drei Religionen ausgenutzt hätten, hätten wir überhaupt nicht mehr in die Schule gehen müssen!

Aber das Gegenteil war der Fall: Wir feierten gar nicht. Ostern war für uns zum Beispiel ein ganz normales Wochenende. Keine Osterdekoration, kein Schokoladenhase, keine Eiersuche. Wobei es auch bei Türken Eiersuche gibt - sie nennen das allerdings „Sack checken". Und wenn Erkan oder ich meinen Papa ganz vorsichtig nach Schokoladeneiern fragten, kam das obligatorische: „Ich geb dir gleich Schokoladeneier!"

Diese trostlosen Ostertage waren besonders schlimm für mich, weil ich im Religionsunterricht ja mitbekam, was in den anderen Familien ostertechnisch abging:

Die deutschen Mamas und Papas fingen schon in der Adventszeit an, Eier auszublasen und Osternester zu basteln!

Wenn Schokoladenhasen ausverkauft waren, dann

schossen sie sich einen echten Hasen im Wald und tauchten ihn in heißes Nutella!

Im Garten hatten die anderen Eltern so viele Leckereien ausgelegt, dass man nicht die *Eier* suchen musste, sondern den *Rasen*!

Das klang so toll für mich, das wollte ich auch erleben! Darum habe ich im Religionsunterricht auch immer mitgemacht – ich wollte ja dazugehören. Auch wenn mein Vater die schönen Feiern boykottierte: Ich gab die Hoffnung nicht auf. Allerdings saß ich in der Klasse neben meinen Kumpels Hakan, Ranjid und Francesco. Und hin und wieder passte ich auch nicht so gut auf. Ich ließ mich unter der Schulbank gerade von Francescos anatomisch erstaunlich korrekten Aktzeichnungen von Susi aus der Parallelklasse faszinieren, da fragte mich unser Religionslehrer wie aus heiterem Himmel: „Kaya, was wird Ostern gefeiert?"

Und ich antwortete so gut wie es mir in dem Moment möglich war: „Äh, äääāh ... Ostern ... die ... äh ... wunderbare Hasenvermehrung?"

„Kaya!? Hast du nicht aufgepasst?"

„Doch, äääääh ..."

Und schon ging die bewährte stille Post zwischen mir und meinen Kumpels los. Ich flüsterte zu Francesco: „Francesco: Weißt du, was Ostern gefeiert wird?"

„Äääääāh ..."

Francesco wusste es also auch nicht, also flüsterte er: „Hakan, weißt du, was Ostern wird gefeiert?"

Hakan war sich nicht ganz sicher: „Weiß nicht – Frühlingsfest bei BMW?"

Der Lehrer griff geduldig ein: „Hakan, Jesus Christus hat am Gründonnerstag das letzte Mal mit seinen Jüngern zusammengesessen. Karfreitag ist er gestorben.

Und drei Tage später ist er wieder auferstanden. Und der dazugehörige Feiertag ist ...?"

„Hihi, ich weiß es, ich weiß es", schrie Ranjid, „Rosenmontag!"

Meistens passte ich im Religionsunterricht allerdings sehr gut auf. Besonders fasziniert war ich von der Bibel. Ein tolles Buch! Gut, es ist nicht Harry Potter, aber es passieren trotzdem eine Menge toller Sachen in der Bibel. Und die Typen in der Bibel sind auch alle cool. Selbst Hakan war total begeistert. Seine Lieblingsfigur war Petrus – darum ist er auch Türsteher geworden. Meine Lieblingsgeschichte war die von Moses und dem Auszug aus Ägypten:

Moses stand damals mit seinen Israeliten im Frondienst eines ägyptischen Pharaos. Das war nicht gut für die Israeliten. Man muss sich das so vorstellen wie Zeitarbeit: schlechte Bezahlung, kaum Arbeitsrechte, weit weg von zu Hause. Also sprach eines Tages Gott zu Moses: „Ey!"

Und Moses war total erschrocken. Er guckte sich hektisch um und fragte: „Was guckst du?"

Und Gott sprach: „Hier oben bin ich! Sorry, hab ich grad konkret die Türken erschaffen und jetzt krieg ich de Scheiße krasse Akzent nicht raus! Wie war dein Name noch? Murat?"

„Nein, Moses!"

Und Gott sprach: „Passt du auf, Moses. Was machst du da de blöde Frondienst? Nimmst du deine Kumpels und gehst du konkret rüber ins gehypte Land."

Und Moses ging mit seinen Männern ins gelobte Land. Dafür brauchte er 40 Jahre. Ich habe mir das mal im Atlas angeguckt: 40 Jahre für 400 Kilometer! Das macht 27 Meter am Tag. 114 Zentimeter pro Stunde.

Und ich habe herausbekommen, warum Moses und seine Männer so langsam waren: Das waren Kiffer. Verdammt coole, bekiffte Hippies!

Nur mein Vater hat das nicht verstanden: „Vierzig Jahre für die paar Kilometer? Da ist man ja mit einem alten Ford Fiesta schneller! Machen die biblische Thai Chi oder was?"

Mein Vater verstand die Bibel nicht. Und mit Nikolausbräuchen kannte er sich genauso wenig aus. Einmal hatte er zwar am Abend vor dem 6. Dezember seine Schuhe rausgestellt, aber nur, damit meine Mama sie

FACT BOX

Wir feiern Weihnachten am falschen Datum. Jesus wurde nämlich laut dem Bericht des Evangelisten Lukas im Herbst geboren!

Wahrscheinlich stehen deshalb in den Supermärkten auch schon ab Oktober die ersten Schokoladenweihnachtsmänner.

putzte. Dass sie ihm in jeden Schuh ein Marzipanschweinchen gesteckt hatte, bemerkte er erst, als er die Schuhe ein paar Tage später wieder auszog und sich wunderte, dass sie nicht wie sonst nach Schweiß rochen, sondern nach Marzipan!
Weihnachten war es besonders schlimm für uns Kinder: Überall in den Fenstern der anderen Familien sahen wir Lichterketten und Weihnachtsbäume! Die Menschen kamen schwer bepackt mit Unmengen von Geschenken von ihren Weihnachtsfeiern! Gegenüber brannte täglich irgendein Wohnzimmer aus! In den Straßen roch es nach Zimtsternen! Aus jedem Kinderzimmer erklang vielstimmig „Stille Nacht, heilige Nacht". Im Fernsehen liefen völlig altmodische, todlangweilige tschechische Märchenfilme!

Und Familie Yanar saß bei vollem, grellem Licht am ungeschmückten Küchentisch. Mein Bruder Erkan und ich versuchten, unserem Vater die neu erworbenen Kenntnisse aus dem Religionsunterricht nahezubringen und ihm die Geschichte von der Geburt Jesu zu erklären: Wir erzählten von Bethlehem, dem Engel, dem Stern, den drei heiligen Königen, vor allem aber natürlich von den Familienverhältnissen der Heiligen Familie. Mein Vater bemühte sich, die Zusammenhänge zu verstehen, aber er kam nicht weit: „Okay, kapiert, Arschkopf: Maria ... Josef ... und ... wie hieß der Kleine noch?"

Wir gaben es irgendwann auf. Mein Vater hat nie so recht Begeisterung fürs Feiern gezeigt, also hatte ich auch nie einen Sinn dafür entwickelt. Als ich erwachsen wurde, hatte ich mich ein paar Jahre lang gefreut, an den Weihnachtstagen bei befreundeten deutschen Familien mitfeiern zu dürfen. Viele Rituale kannte ich bis

FACT BOX

So hat sich das Weihnachtsfest entwickelt:

Weihnachten als kirchlicher Feiertag: seit 336 n. Chr.

Krippenspiele und Adventskranz: seit dem 11. Jhd.

Weihnachtsgeschenke: seit dem 17. Jhd.

Weihnachtsgeschenke bei Familie Yanar: vermutlich 2050

dahin gar nicht: die Weihnachtsgans, das Wichteln, die Streitereien …

2009 habe ich Weihnachten auf Hawaii verbracht: Allein, ohne Familie, ohne Schnee, ohne Glühwein. Bei 30 Grad im Schatten. Viele Menschen wünschen sich, dass für sie Weihnachten noch einmal so wäre wie früher. Auf Hawaii hat das bei mir geklappt: So wenig Weihnachtsstimmung hatte ich das letzte Mal als Kind!

Aber nicht nur die religiösen Feste wurden in unserer Familie vernachlässigt. Auch die Geburtstage waren alles andere als eine Freude. Kuchen und Kerzen gab es nie. Geschenke auch nicht. Noch nicht mal eine Karte. Von großen Kindergeburtstagsfeiern ganz zu schweigen. Entweder scheiterte es an meinem Vater, oder es scheiterte am Geld. Oder an beidem, denn es war ja mein Vater, der das Geld nicht rausrückte!

FACT BOX

Die Zeugen Jehovas feiern gar keinen Geburtstag, frei nach dem Motto: Der Mensch soll sich nicht selbst ehren.

Außerdem sind Zeugen Jehovas oft so unbeliebt, dass sie auch gar nicht wüssten, wen sie einladen sollen!

Das ist für ein Kind nicht schön. Ich habe so viele Geburtstage ohne Freude hinter mich gebracht, dass ich heute, ohne zu lügen, sagen kann: Ich feiere bald meinen 20. Geburtstag. Ich *hatte* zwar schon fast 40 Geburtstage, *gefeiert* habe ich aber erst eine Handvoll!

Ein einziges Mal stand mein Vater an meinem Geburtstag morgens an meinem Bett. Er hatte eine große Plastiktüte in der Hand und weckte mich mit den Worten: „Glückwunsch, beklopptes Kind! Hier, Geschenk für dich!"

Ich war total gerührt und musste fast weinen: „Papa, ich ... das ist für mich?"

Mein Papa wurde langsam ungeduldig: „Siehst du hier noch anderen Bekloppten? Für wen sonst?"

Ich konnte mein Glück kaum fassen: „Und in der Tüte ist mein Geschenk?"

„Nein – die Tüte *ist* das Geschenk!"

Mein Vater war ein solcher Feiermuffel, dass er noch nicht einmal den türkischen Nationalfeiertag begangen hat. Dabei interessierte ihn die Geschichte der Türkei sehr – er wollte nur nicht feiern. Aber er hat meinem Bruder und mir immer wieder die Geschichte der Türkei erzählt. Und die ist wirklich unterhaltsam – zumindest in der Version, die mein Vater uns erzählte:

Vor 2000 Jahren gab es da, wo es jetzt die Türkei gibt, noch gar keine Türkei. Es gab nur ein paar Griechen und Römer, die dort durch die Gegend latschten. Erst im Mittelalter, um das Jahr 1300 herum, hat sich dann ein Türke auf einen Berg gestellt, die Griechen und Römer streng angeguckt und gesagt: „Ihr kommt hier ned rein!"

Der Türke, der auf dem Berg stand, hieß Osman. Er gründete das Osmanische Reich. Das Osmanische Reich ist nach ihm benannt. Hätte er Murat geheißen, würde es das Muratische Reich sein. Und wenn es eine Frau gewesen wäre, das Aische-Reich. Das hätte histo-

FACT BOX

Der älteste Mensch der Welt, die Afroamerikanerin Gertrude Baines, feierte 2010 ihren 115. Geburtstag, mitsamt Glückwunsch von Barack Obama und Arnold Schwarzenegger. Ihr Arzt verrät ihr Geheimrezept: „Sie hat niemals Dummheiten gemacht."

Nur: Wenn man niemals Dummheiten macht, wofür will man dann 115 Jahre lang leben?

risch aber keiner ernst genommen: „Ey, ich bin de reiche Scheich von de Aische-Reich."

Zum Glück hieß Osman aber Osman, und so rief er das Osmanische Reich aus: „Hiermit gründe ich das Osmanische Reich!"

Aber einer rief: „Osman, wir sind nicht genug Leute für ein Reich. Wir sind nur siebzehn ..."

Und Osman sagte: „Wenn du nicht Fresse hältst, sind wir nur noch sechzehn!"

Aus 17 Mann wurde ein ganzes Volk. Das Osmanische Reich hat sich unglaublich schnell ausgebreitet. Die Osmanen waren eine große Streitmacht im Mittelalter. Hunderte von Jahren waren sie in Spanien, und zwar lange bevor die Deutschen mit ihren Handtüchern ankamen!

Zweimal standen die Türken vor Wien. Aber die Österreicher waren nicht doof. Die haben einfach Osman zitiert: „Ihr kommt hier ned rein!"

Erst 1923 gründete Kemal Atatürk dann die moderne Türkei. Das ist noch keine 90 Jahre her. Die Geschichte der Heimat meiner Eltern ist spannend und abwechslungsreich. An jedem 29. Oktober, dem Nationalfeiertag, feiern alle Türken die Ausrufung der modernen Republik Türkei. Alle außer einem: meinem Vater.

Nach und nach hörte ich von meinen feierfreudigen deutschen Freunden, dass es auch Feste gibt, die man außerhalb der Familie feiern kann. Ich ahnte, dass sie Recht hatten, aber ich wagte lange nicht, solche Veranstaltungen aufzusuchen. Doch 2004 war es endlich so weit. Es ist so unglaublich, dass diese biografische Tatsache eine eigene Fact Box verdient.

FACT BOX

2004:
Kaya Yanar feiert zum ersten Mal Karneval!

Bis dahin hatte ich Karneval immer gemieden wie die Pest. Verkleidete Betrunkene, die mit wildfremden anderen verkleideten Betrunkenen schunkelten und tanzten, waren mir ein Graus. Doch 2004 überkam es mich. Ich produzierte zu der Zeit in Köln meine Fernsehshow *Was guckst du?*. Als ich am Weiberfastnachtmorgen kurz nach elf in die Büros kam, sah ich, dass ich mitgefangen war: Alle Mitarbeiter waren besoffen, trugen irgendwelche grellen Klamotten aus dem Altkleidersack und hingen knutschend in den Ecken. Gut, so machten sie es das ganze Jahr über, aber dabei sangen sie noch, dass sie Räuber seien, O lala eine Pizza wollten und mit der Karawane weiterzögen, da der Sultan Durst habe.

Mir wurde klar: Das muss sie sein, diese geheimnisvolle deutsche Feierlaune, von der mir meine Kumpels früher immer erzählt hatten und die ich zu Hause nie erleben durfte! Also machte ich mit. Ich gab der Mannschaft frei, lieh mir aus dem Kostümfundus ein Ganzkörper-Hühnerkostüm und stürzte mich ins Getümmel der Kölner Altstadt.

Das Kostüm war klasse. Niemand erkannte mich. Allerdings erkannte jeder zweite das Hühnerkostüm, das in der Woche zuvor in meiner Fernsehshow eine prominente Rolle gespielt hatte: „Ey, ich werd bekloppt – das ist doch das *Was guckst du?*-Huhn!"

Egal, nach einer Stunde war auch das *Was guckst du?*-Huhn knalldicht, fing Kamelle, bützte Frauen und gackerte aufgescheucht herum. Mir hat es Spaß gemacht, weil alle anderen genau dasselbe machten. Eine weitere erstaunliche Erkenntnis jenes denkwürdigen Tags: Jede dritte Kölnerin würde gern mit den Hühnern schlafen gehen!

Im gleichen Jahr war ich auf dem Schützenfest in Neuss. Die Kostüme waren zwar nicht so abwechslungsreich wie im Karneval (ich war auf dem ganzen Schützenfest das einzige Huhn!), aber die Musik war genauso schrecklich, und es wurde auch genauso viel gesoffen. Leider waren keine Frauen da. Darum hatte ich in Neuss auch keine Lust, meine alkoholbedingte Lockerheit sexuell zu nutzen – vorgehaltene Waffe hin oder her!

Auf dem Oktoberfest war ich leider noch nicht. Aber ich habe gehört, dass es ganz toll sein soll! Das Bier, die Hendl, die Musik – viele Besucher können sich gar nicht entscheiden, welcher der drei Anlässe sie kotzen lässt!

Das Einzige, was mich von einem Besuch auf der „Wies'n" abhält, ist die Vorstellung, mit fünf Litern Bier in der Blase in einem überfüllten Festzelt zu sitzen und nicht zum Klo zu können. Und da ich mit Sicherheit niemals eine dieser wasserdichten Krachledernen tragen werde, bliebe mir nur übrig, mich vier Tage lang vor einem Dixie-Klo anzustellen oder aber die Theresienwiese zu düngen. Und Wildpinkeln ist ja verboten.

Ich habe übrigens vor kurzem auf der Herrentoilette eines Münchner Lokals eine lustige Entdeckung gemacht: Auf die Innenseite der Schüssel war relativ mittig eine Fliege gemalt als Zielhilfe für uns. Denn theoretisch hat der Mann ja, was mögliche Urinierrichtungen betrifft, 360 Grad Spielraum. Und ich musste schon beobachten, wie Männer diesen Spielraum nutzten. Leider. Es ist sehr unangenehm, wenn sich der Nebenmann am Pissoir mitten im Erleichterungsprozess mit dem ganzen Körper zu einem umdreht und sagt: „Ey, dich kenne ich doch aus dem Fernsehen!"

Eine Fliege soll das Danebenpinkeln verhindern. Und es klappt. Wir Männer sind Jäger. Wir treffen gern. Zumindest, wenn wir uns dem Opfer überlegen fühlen. Das ist bei einer Fliege definitiv der Fall. Wenn stattdessen ein Löwe mit seinem weit aufgerissenen Maul aus dem Pissoir gucken würde, bin ich mir nicht so sicher, wer zuerst den Schwanz einziehen würde ...

Schützen- und Oktoberfeste sind urdeutsche Angelegenheiten. Es gab sie schon immer. Seit den 90er Jahren gibt es aber noch einen neuen Tag im Feier-Kalender der Deutschen: Halloween.

Der Brauch, Halloween zu feiern, kommt ursprünglich aus Irland. Irische Einwanderer machten den Brauch um 1830 herum in den USA populär. Dort entwickelte sich Halloween zu einer der wichtigsten Feiern, und

FACT BOX

Das Wort „Halloween" lehnt sich an das englische „All Hallows' Even" (Allerheiligenabend) an.

Mit „Halloween" ist also nicht der amerikanische Gruß an die österreichische Hauptstadt gemeint.

mittlerweile rennen auch die Deutschen an Halloween mit Kürbisköpfen und schauerlichen Kostümen durch die Stadt. Ich persönlich gehe gern zu Halloweenpartys, aber ich spare bei der Ausstattung: Statt für einen dicken roten Kopf mit Riesenaugen gutes Geld auszugeben, halte ich einfach fünf Minuten die Luft an!

Es ist schon merkwürdig, dass sich mit Halloween ein Fest etabliert hat, von dem die meisten Deutschen noch nicht einmal wissen, warum es überhaupt gefeiert wird. Aber es funktioniert. Die Deutschen fragen nicht – sie machen einfach mit! Mich würde es nicht wundern, wenn demnächst auch der amerikanische Unabhängigkeitstag (4. Juli) oder der Gründungstag der kommunistischen Partei Chinas (1. Juli) als typisch deutsche Feiertage begangen werden. Hauptsache, das Bier ist kalt!

Ich habe in den letzten Jahren mein frühkindliches Feierdefizit also ein bisschen ausgeglichen. Ich habe getrunken, geschunkelt, gesungen und gepinkelt. Mein Fazit lautet: Egal, wo man in Deutschland feiert, gesoffen wird immer – nur die Kostüme sind anders!

Ich gebe es zu: Wenn ich im Fernsehen die Bilder vom Oktoberfest oder vom Straßenkarneval sehe, dann muss auch ich manchmal den Kopf schütteln. Dann frage ich mich: Haben wir Deutsche sie eigentlich noch alle? Doch wenn ich ins Ausland schaue und sehe, was unsere nächsten und weiter entfernten Nachbarn anstellen, dann weiß ich: Ja, wir haben sie noch alle! Bei uns ist alles halb so schlimm!

FACT BOX

Was in Deutschland wo getragen und getrunken wird:

Oktoberfest:
Trachten/bayrisches Bier

Schützenfest:
Uniform/Schnaps

Silvester:
Partyhütchen/Sekt

Karneval:
Alles erlaubt/weiß ich nicht mehr

Vorstandssitzung:
Anzug und Krawatte/ alles, was knallt

Die Spanier zum Beispiel feiern unheimlich ausufernd. Zum einen feiern sie wirklich *alle* katholischen Feiertage! Und wenn sie einmal dran sind, hören sie gar nicht mehr damit auf. Wo bei uns spätestens nach dem zweiten Feiertag Schluss ist, fängt bei den Spaniern der Spaß erst richtig an: Wenn San Irgendwer Namenstag hat, dann schließen die Spanier für vier Wochen die Geschäfte, alle Straßen werden mit buntem Salz ausgelegt, und die Menschen vermieten ihre Wohnungen unter, weil sie in den nächsten 30 Tagen eh nicht mehr nach Hause kommen!

In Pamplona werden bei der berühmten Fiesta de San Fermin zur Gaudi der Bevölkerung wilde Stiere durch die Altstadtgassen gejagt. Vor den Stieren laufen junge Männer her, um zu beweisen, wie mutig sie sind. Wenn die Männer das dann bewiesen haben, beweisen die Stiere im Anschluss, wie egal ihnen das ist und befördern die kühnen Burschen mit einem gezielten Hornstoß ins Krankenhaus. Olé!

Die Engländer haben noch verrücktere Rituale entwickelt, um sich mutwillig zu verletzen: Der Klassiker ist natürlich, sich mit einem Trikot vom FC Liverpool in einen voll besetzen Zug voller „Manchester United"-Fans zu setzen.

In der Grafschaft Gloucestershire im Südwesten Englands hat man eine weitere, einzigartige Art der Selbstverstümmelung erfunden: Dort wird jedes Jahr ein großer Käse den Berg hinuntergerollt. Die ungestümen Teilnehmer rollen hinterher und versuchen vergebens, den Käse einzuholen. Dabei brechen sie sich alle Knochen. Kann man machen. Muss man aber nicht. Ich als Vegetarier und Botschafter der Tierrechtsorganisation PETA sage trotzdem: Besser Käse jagen als Stiere!

Auch die Chinesen haben sehr merkwürdige Rituale, wenn es ums Feiern geht. Zum Beispiel sind ihre Trauerfeiern gelinde gesagt gewöhnungsbedürftig. Gut, von einem Volk, das Hunde auf der Speisekarte duldet, erwarte ich nicht, dass deren Beerdigungen genauso zivilisiert ablaufen wie bei uns. Aber die folgende Geschichte finde ich trotzdem mehr als erstaunlich:

Eine alte chinesische Tradition besagt, dass das Ansehen eines Verstorbenen an der Menge der Trauergäste abzulesen ist. Je mehr Menschen bei der Trauerfeier erscheinen, desto besser. Darum engagieren die Hinterbliebenen oft Stripteasetänzerinnen, um möglichst viele Besucher auf die Trauerfeier zu locken. Eine befremdliche Vorstellung: Tante Erna liegt im Eichensarg, und auf dem Sargdeckel räkelt sich lasziv die pralle Doreen, als läge sie auf der Motorhaube einer Corvette!

Wenn es diesen Brauch auch in Deutschland gäbe, worüber würde bei einer solchen Beerdigung geredet? Der beste Freund des Verstorbenen würde wahrscheinlich sagen: „Das Schicksal ist grausam: Manfred hat sich sein Leben lang nie den Besuch in einer Striptease-Bar gegönnt! Und ausgerechnet in dem Moment, wo sich mal ein Mädchen für ihn auszieht, hat er die Augen zu!"

Und die Witwe schluchzt gerührt: „Eine schöne Beerdigung, so wie sie sich mein Manfred immer gewünscht hat: Weiße Lilien, das Requiem von Mozart und eine komplett rasierte Hip-Hop-Schlampe mit 95 DD-Hupen!"

Ich persönlich wünsche mir, dass die Mädels sich für mich ausziehen, solange ich noch lebe. Wenn ich tot bin, habe ich nichts mehr davon. Auf der Beerdigung kann meinetwegen Thilo Sarrazin in Badehose Breakdance tanzen – mir ist das total egal. Und wenn meine Angehörigen unbedingt wollen, dass möglichst viele Menschen bei meiner Beerdigung anwesend sind, dann sollen sie mich während eines Stadionkonzerts von Herbert Grönemeyer im Innenraum bestatten. Mehr Leute kriegt man auch mit Busenwackeln nicht zusammen!

Andere Länder haben Rituale, die uns zwar genauso fremd sind wie die chinesische Erotik-Beerdigung, die aber durchaus sympathisch daherkommen und vielleicht sogar den einen oder anderen zur Nachahmung anregen.

In Indien ist es zum Beispiel Tradition, dass schwangere Frauen das Wasser trinken, in dem sich der Kindsvater vorher den großen Zeh gewaschen hat. So soll das Kind die Stärke des Vaters in sich aufnehmen. Ich finde, dass das eine gute Idee ist. Egal, ob es funktioniert oder nicht, es hat einen Vorteil: Die Quanten vom Vater sind endlich mal sauber! Ich nenne diesen indischen Brauch übrigens das „Pizza-Funghi-Ritual" - wegen der beiden möglichen Geschmacksvarianten „Käse" und „Pilze".

In einigen europäischen Ländern ist es Sitte, den ersten Urin des Neugeborenen unter einen Apfelbaum zu schütten, damit das Kind rote Wangen bekommt. Ob das funktioniert, weiß ich nicht. Eher wird das Kind später Wildpinkler!

Ein spezieller Fall sind Hochzeiten. Die Rituale bei Eheschließungen können so kompliziert sein, dass ich allein deswegen noch ledig bin. Ich wäre einfach zu doof, um an alles zu denken!

Zum Beispiel ist es in vielen Ländern Europas ein weit verbreiteter Ritus, dass die Braut auf dem Weg zur Trauung unmittelbar nach dem Verlassen des Heims einem armen Menschen ein Brotstück mit einem Geldstück darin gibt, um das Unglück aus dem Haus zu tragen. Dieser Brauch wird in der Schweiz übrigens nicht praktiziert: Zum einen gelten die Schweizer als sparsam, zum anderen gibt es in der Schweiz keine armen Menschen.

Anschließend, so wollen es die alten Bräuche, muss die Braut die Kirche mit dem *linken* Fuß betreten. Nach der Hochzeit sollte bei der Ankunft die Haus- oder Wohnungstür versperrt sein, damit die Braut anklopfen muss. Wenn sie dann hereingebeten wird, muss sie diesmal zuerst mit dem *rechten* Fuß über die Schwelle treten, um das Glück in das Haus zu tragen. Das heißt, neben dem vertrackten Hochzeitswalzer muss man sich noch eine weitere komplizierte Schrittfolge merken!

Sollten Kinder gewünscht sein, muss der Bräutigam möglichst bald nach der Hochzeit eine Wiege ins Haus tragen. Da bin ich skeptisch. Das soll klappen? Und wenn er statt einer Wiege einen Flipper ins Haus trägt, gibt es keine Kinder, sondern jede Menge Freispiele?

Mir sind diese Hochzeitsriten viel zu kompliziert! Bei so vielen Fehlerquellen ist es kein Wunder, dass die Scheidungsraten in ganz Europa so hoch sind!

Darum bin ich auch bisher nur auf wenigen Hochzeitsfeiern gewesen. Ich mag diese ewig gleichen Rituale einfach nicht: Brautstrauß werfen, Braut entführen, Torte anschneiden – ich hätte mehr Spaß, wenn die Blumen entführt und die Torten geschmissen würden!

Der Brauch mit dem Brautstrauß ist ja allgemein bekannt: Die ledigen Frauen stellen sich zusammen, und die Braut wirft ihren Brautstrauß rücklings über die Schulter. Diejenige Frau, die den Strauß fängt, heiratet als Nächste. „Ein Spiel", würden wir Männer sagen. Aber die Frauen nehmen diesen Brauch ernst. Verdammt ernst. Sie kämpfen! Ein Touch down beim Rugby ist dagegen ein Kaffeekränzchen!

Meistens ist es das Umfeld der Braut, das sich so ins Zeug legt. Die Familie und Freunde des Bräutigams sind zu diesem Zeitpunkt schon so blau, dass sie nichts mehr auf die Reihe kriegen würden. Darum gehe ich so ungern zu deutschen Hochzeiten.

TOP FIVE

Garantierte Bestandteile einer Hochzeitsparty:

1. die viel zu lange, dafür aber gereimte Lebensgeschichte der Braut, verfasst und vorgetragen vom Brautvater;
2. ein Spiel, bei dem das Brautpaar bloßgestellt wird, meistens mithilfe eines willkürlich ausgewählten, unfreiwilligen Assistenten, zum Beispiel Kaya Yanar;
3. die viel zu lange Powerpoint-Präsentation des Bruders der Braut, vollgepackt mit peinlichen Kindheitsfotos;
4. die viel zu lange Powerpoint-Präsentation der besten Freundin der Braut, vollgepackt mit peinlichen Jugendfotos;
5. die viel zu lange Powerpoint-Präsentation des Exfreundes der Braut, vollgepackt mit peinlichen und höchst intimen Fotos, die nur einer sehen will: Der Exfreund der Braut.

Lieber gehe ich zu einer türkischen Hochzeit. Eine türkische Hochzeit läuft ganz anders ab. Erstens werden alle Menschen eingeladen, die es gibt. Im Ernst: Eine türkische Hochzeit mit 600 oder 700 Gästen ist keine Seltenheit. Es sei denn, die Familien haben Geld – dann kommen natürlich mehr! Darum wird auch nicht zu Hause gefeiert oder im Restaurant, sondern in Hallen. Es sind schon türkische Hochzeiten verschoben worden, weil der Veranstaltungsort nicht frei war – die *Rolling Stones* hatten schneller gebucht!

Wenn ich heiraten sollte, ich wüsste gar nicht, wen ich einladen sollte! So viele Menschen kenne ich gar nicht. Ich wäre froh, wenn ich auf 20 Leute käme – inklusive der Braut!

Natürlich haben auch türkische Hochzeiten ihre immer gleichen Rituale: Der Braut wird zum Beispiel Gold geschenkt und Geld ans Kleid gesteckt, als prophylaktische Sicherheit, wenn der Mann in zwei Jahren abhaut. Das finde ich sehr praktisch gedacht. Sie hat später auf jeden Fall mehr davon als von Käsehobeln, Fondue-Sets oder Ikea-Gutscheinen.

Das Tollste an einer türkischen Hochzeit aber ist: Es gibt keinen Alkohol! Gut, man muss sich auch nicht wie bei einer deutschen Hochzeit die Musik von Wolfgang Petry schöntrinken. Außerdem klingt die türkische Musik eh so, als hätte man schon einen im Kahn. Aber ohne Alkohol ist es tatsächlich angenehmer. Man kann sich besser unterhalten (wenn man Türkisch kann), man spart sich das Taxi für den Heimweg, und man kommt nicht auf die Idee, nachts um drei hackebreit an der Braut rumzubaggern.

FACT BOX

Rituale basieren auf Wiederholungen. Die Hirnforschung hat herausgefunden, dass wiederholte Handlungen etwas im Gehirn verändern.

Und das gilt nicht nur für Rituale wie Komasaufen!

Ich finde es gut, dass die Nationen unterschiedlich feiern. Das macht das Leben abwechslungsreich und interessant. Viele Rituale beruhen auf jahrhundertealten Traditionen, und man sollte sie pflegen, statt alles gleichzumachen. Die Menschen sind vielfältig und unterschiedlich. Das merke ich sogar in meinem Freundeskreis. Hakan, Francesco, Ranjid und ich haben zum Beispiel ganz unterschiedliche Arten, jemandem 'Guten Tag' zu sagen:

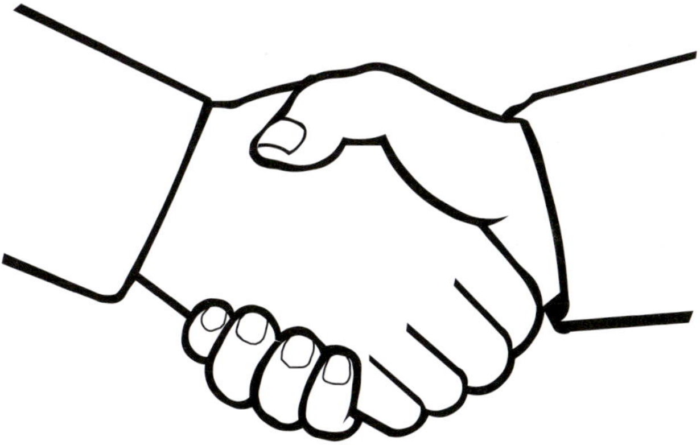

Kaya schüttelt seinem Gegenüber die Hand

Francesco küsst seinem Gegenüber die Hand

Ranjid schüttelt seinem Gegenüber den Huf

Hakan bricht seinem Gegenüber die Hand

Auch im geschäftlichen Miteinander gibt es international unterschiedliche Rituale: In Deutschland gilt der Preis, der draufsteht. Darum steht er ja auch drauf. Da wird nichts hinterfragt, nichts probiert. Es ist, wie es ist. Feilschen ist verpönt.

In der Türkei hingegen wird gehandelt. Wer in der Türkei den Preis zahlt, der ihm zuerst genannt wird, der wird ausgelacht. Gut, wenn man sich mit internationalen Ritualen wie dem Feilschen auskennt! Denn dann können selbst Deutsche im Ausland tolle Schnäppchen machen. Ein Beispiel:

Die deutschen Touristen Herbert und Ingeborg sind unterwegs in Istanbul. Auf dem Basar sehen sie ein Backgammon-Brett mit herrlichen Intarsien. Ingeborg ist begeistert:

Ingeborg: „Herbert! Guck mal! Das will ich haben!"

Und Herbert nimmt die Verhandlungen auf:

Herbert: „Was kostet?"

Händler: „2000 türkische Lira!"

Herbert: „Oh, das sind ja 1000 Euro! Das ist mir aber ein wenig zu viel!"

Händler: „Was hast du für Problem? Ist Spitzenqualität! Echte Holz! Handarbeit und de ganze Scheiß! Gemacht von de türkische Manufaktur für ..."

Ingeborg: „Hier steht aber ›Made in China‹."

Händler: „Wartest du – bald liegen die Türken vor Peking. Und wenn wir besser machen als damals in Wien, dann stimmt's wieder!"

Herbert: „Na gut, aber 2000 Lira? Ich weiß nicht ..."

Händler: „Machst du Vorschlag!"

Ingeborg: „10 Lira!"

Händler: „Abgemacht!"

Das Feilschen liegt den Türken im Blut. Türken feilschen um alles. Sie würden selbst mit dem Tod noch verhandeln:

„Hallo, Murat, ich bin der Sensenmann. Deine Zeit ist gekommen!"

„Pass du auf. Wenn du zwei Jahre wartest, kannst du auch gleich meine Schwiegermutter mitnehmen – oder du nimmst sie jetzt schon mit, und wir sind quitt!"

Im nordindischen Assam gibt es ein schönes Ritual: Derjenige, der dort nachts das Wort „sap" (Schlange) ausspricht, muss sofort danach die Namen von sieben kahlköpfigen Männern aufsagen. Ich müsste da sehr aufpassen. Mir würden keine sieben Glatzköpfe einfallen. Wohl dem, der Skinheads als Freunde hat!

Neben den vielen nationalen und kulturellen Ritualen gibt es noch die ganz persönlichen, individuellen Verhaltensweisen:

Es gibt Piloten, die vor jedem Flug die Landebahn küssen. Und es gibt solche, die nach jedem Flug die Stewardess küssen.

Ein Kumpel von mir hatte sein ganz persönliches Glückshemd, seine Glückshose und dazu auch noch Glücksschuhe. Und trotzdem hat er eines Tages das alles verloren – beim Strip Poker!

Ich persönlich habe auch ein festes Ritual: Vorm Schlafengehen spreche ich ein Nachtgebet. Darin bedanke ich mich für all das Schöne, das mir begegnet ist, und ich bitte um Vergebung für all den uninteressanten Schwachsinn, den ich an diesem Tag verzapft habe!

Aber da du, lieber Leser, mir freiwillig bis ans Kapitelende gefolgt bist, muss ich mich heute Abend wohl nur für das Schöne bedanken!

KAPITEL 10

Gesetze

„Ich stand erst einmal vor einem Richter – und zwar in der Kassenschlange beim letzten Bollywood-Film!"

Ranjid

„Die Würde des Menschen ist unantastbar.“

„Jeder hat das Recht auf die freie Entfaltung seiner Persönlichkeit.“

„Alle Menschen sind vor dem Gesetz gleich.“

In zwei Belangen ist Deutschland den meisten anderen Ländern haushoch überlegen: im Fußball und bei der Rechtsprechung!

Andererseits:

„Rasen betreten verboten!“

„Wir müssen leider draußen bleiben!“

„Dies ist eine Hofeinfahrt und kein Spielplatz!“

„Halbfinale WM 2010: Deutschland – Spanien 0:1!“

Wo Sonne ist, ist auch Schatten!

Trotzdem: Die Gesetzeslage in Deutschland ist vorbildlich! Die Deutschen können sich frei entfalten, alle haben die gleichen Rechte, und für die meisten Streitfälle gibt es eine vernünftige und verbindliche Lösung – zumindest wenn man erwachsen ist.

Für uns Kinder sah das damals, vor 30 Jahren, deutlich anders aus. Damals hing ich nach der Schule immer mit meinen besten Kumpels Hakan, Ranjid und Francesco rum. Und bei uns in der Clique gab es eigentlich nur ein Gesetz. Und dieses Gesetz lautete: Hakan hat immer Recht!

Ranjid passte das gar nicht: „Ich habe auch manchmal Recht", jammerte Ranjid einmal. „Zum Beispiel wenn ich sage, dass meine Kuh Benytha morgens länger im Bad braucht als ich!"

Hakan antwortete: „Na und? Das interessiert doch konkret kein Schwein!"

Und da musste selbst Ranjid zugeben: „Das stimmt, Hakan. Da hast du Recht!"

„Sag isch doch, du krasse Rinder-Inder!"

Für uns Kinder waren die meisten Gesetze natürlich heilig. Wir waren gesetzestreue kleine Frankfurter, und

wenn im Park „Rasen betreten verboten" stand, dann betraten wir den Rasen nicht – wir *durchpflügten* ihn! Mit den Aluminiumstollen unserer Fußballschuhe! Stundenlang! Es war herrlich! Am nächsten Tag sah man Hunderte von heimatlosen Maulwürfen durch die Innenstadt von Frankfurt irren, auf der Suche nach Asyl und nach einem neuen, sicheren Zuhause!

Andere Gesetze wurden von uns regelmäßig widerlegt: Es stimmt zum Beispiel nicht, dass Eltern automatisch für ihre Kinder haften, wenn die Kleinen verbotenerweise eine Baustelle betreten – das gilt nur für Eltern, deren Kinder sich auf der Baustelle auch *erwischen* lassen (also für meine Eltern, *nicht* aber für die von Hakan). Und unter „Briefgeheimnis" verstand ich, dass ich die Liebesbriefe an meinen großen Bruder heimlich öffnete …

Francesco meint:

„Isse habe schon als kleine Junge rausgefunde das Gesetz von die Serie. Das Gesetz sagt: Wenn isse bei fünf Signoritas bin abgeblitzt, dann blitze isse auch bei de sechste ab!"

Ranjid meint:

„Ich habe immer streng nach ‚Murphys Gesetz' gelebt: Die Toastbrotscheibe ist bei mir wirklich immer mit der Nutellaseite nach unten auf meine neue weiße Hose gefallen!"

Hakan meint:

„Für misch zählt konkret nur das Gesetz des Stärkeren: Wenn de scheiße Toastbrotscheibe mit de krasse Nutellaseite auf meine Hose fällt, hau isch de doofe Brot sofort konkret eine rein!"

Später, als ich etwas älter war und mich ernsthafter mit der deutschen Rechtsprechung beschäftigte, wurde mir die Bedeutung von Gesetzen und Rechten viel stärker bewusst. Manchmal frage ich mich, ob den Deutschen überhaupt klar ist, wie gut sie es im Vergleich zu Menschen haben, die in anderen politischen Systemen oder

Rechtsformen leben. Anders als in Saudi-Arabien, in China oder im Iran kann man in Deutschland zum Beispiel grenzenlos im Internet surfen. Und was klicken die meisten an? „www.titten.de" und „wetter-online"! Was für eine Verschwendung!

Und auch wenn es viele Deutsche nicht wahrhaben wollen: Das Recht auf Meinungsfreiheit umfasst mehr Möglichkeiten, als dem Nachbarn zu sagen, dass er ein Arschloch ist. Öffentlich zu seiner Meinung stehen zu können, ist ein Privileg. Der einzige Haken: Man muss auch eine eigene Meinung *haben*!

Eines der wichtigsten deutschen Rechte ist unmittelbar mit einer eigenen Meinung verbunden: nämlich das Wahlrecht. Es wird in Deutschland mittlerweile als so selbstverständlich angesehen, dass es von vielen Menschen überhaupt nicht ausgeübt wird: Die Bundestagswahl 2009 lockte nur 70,2 Prozent der Stimmberechtigten in die Wahllokale - ein historischer Tiefstand. Beim Rumhacken auf der Regierung machen dann allerdings fast 100 Prozent mit!

Bei der NRW-Landtagswahl 2010 gingen sogar nur 59,3 Prozent der Wahlberechtigten zur Urne. Und da muss ich sagen: Besonders enttäuscht bin ich von den Männern, die nicht zur Wahl gehen. Die Frauen haben vielleicht noch gar nicht alle mitbekommen, dass sie überhaupt wählen *dürfen*!

Eins der am meisten wahrgenommenen Rechte Deutschlands ist im Artikel 9 des Grundgesetzes aufgeführt: Alle Deutschen haben das Recht, Vereine zu bilden. Fußballvereine, Turnvereine, Heimatvereine, Gesangsvereine, Taubenzüchtervereine, Fördervereine, Frauenvereine, Schützenvereine, Alpenvereine ..., wenn die Deutschen einmal in Fahrt sind, sind sie kaum noch

FACT BOX

Einführung des Frauenwahlrechts:

Österreich: 1918
Deutschland: 1919
Frankreich: 1944
Italien: 1945
Schweiz: 1971 (!)

Samstag abends wählen, ob das *Aktuelle Sportstudio* geguckt wird oder der Spielfilm: frühestens 2050

zu stoppen. Die Folge: In Deutschland gibt es über 500 000 Vereine! Ein Verein muss per Gesetz mindestens sieben Mitglieder haben, der größte hat über 17 Millionen zahlende Mitglieder (ADAC). 17 Millionen Mitglieder! Da möchte ich bei der Vollversammlung nicht für die Schnittchen verantwortlich sein.

FACT BOX

Kayas Lieblingsvereine in Deutschland:

Verein der in der DDR geschiedenen Frauen e.V.

Verein der mongolischen Akademiker in Baden Württemberg e.V.

Verein gegen betrügerisches Einschenken e.V.

Diesen Verein möchte Kaya gerne gründen:

Verein der in der DDR betrügerisch eingeschenkten mongolischen Getränke

Ein weiteres typisch deutsches Gesetz regelt die Rechte von Bahnfahrern. Bei Verspätungen von mehr als einer Stunde haben die Fahrgäste seit 2009 einen gesetzlichen Anspruch auf Entschädigung – das hätte teuer werden können für die Deutsche Bahn! Mittlerweile sind die Lokführer aber in der Lage, dank computergesteuerter Technik und ausgefeilter Fahrpläne ihre Züge Sekunden vor Ablauf der Frist in die Bahnhöfe einfahren zu lassen!

Es ist aufwendig, ein solch komplexes Rechtssystem wie in Deutschland aufrechtzuerhalten: Über 150 000 Anwälte kümmern sich in Deutschland um die Belange ihrer Mandanten. Tausende von Richtern wühlen sich durch Hunderttausende von Akten. Es gibt täglich mehr Prozesse als SAT1 im Nachmittagsprogramm zeigen kann!

Es wird angemahnt, abgemahnt, vorgeladen und angehört, bis der Arzt kommt. Was für ein Verwaltungsapparat! Doch es wird daran gearbeitet: Im

FACT BOX

Einwohner pro Anwalt
(Stand 2008)

USA: 270
BRD: 561
Österreich: 1751
Vietnam: 24.824

Einwohner pro Schneewittchen
(Stand 2008)

Märchenwald: 7

Frühjahr 2010 hat die OECD (Organisation für wirtschaftliche Zusammenarbeit und Entwicklung) der Bundeskanzlerin bestätigt, dass Deutschland auf dem Weg zu weniger Bürokratie ist! Leider ist dieser Weg seitdem nicht weiterverfolgt worden - die Bundesregierung hatte die Antragsformulare für den Bürokratieabbau verbummelt!

Wir Deutschen können beruhigt sein: Es ist vieles geregelt. Und das, was nicht geregelt ist, das regelt der gesunde Menschenverstand. Für diejenigen, die der Meinung sind, in Deutschland würde zu viel vorgeschrieben, habe ich mir einmal die Mühe gemacht, in die Gesetzbücher anderer Länder zu schauen. Ich habe gestaunt, wie wenig ich über die Rechtsprechung unserer europäischen Nachbarn wusste: In Frankreich zum Beispiel darf man ein Schwein nicht „Napoleon" nennen - andersrum hätte ich es ja noch verstanden! Und in England ist es tatsächlich verboten, in Lokalen, Bars oder Restaurants betrunken zu sein, was gleichzeitig bedeutet, dass jeder Engländer jeden Abend straffällig wird.

Noch unglaublicher war allerdings der Blick in die amerikanischen Gesetzbücher. Dort bin ich auf einige besonders kuriose Vorschriften gestoßen, die beweisen, dass das deutsche Gesetzbuch zwar dick ist, aber trotzdem noch jede Menge Lücken aufweist - zum Glück!

Mein Lieblingsgesetz kommt aber vom anderen Ende der Welt, von der Insel Tasmanien vor der australischen Südküste: Dort gilt ein Gesetz, das Witwen gesetzlich vorschreibt, den abgeschnittenen Penis ihres Mannes als Kette um ihren Hals zu tragen! Da bekommt der Begriff „Intimschmuck" eine ganz neue Bedeutung!

Obwohl es für fast alle Fälle ein bestehendes und gültiges Gesetz gibt, das eindeutig regelt, was gesetzmäßig ist und was nicht, kommt es immer wieder zu den aberwitzigsten Gerichtsverfahren: Die Sache scheint glasklar zu sein, und trotzdem machen sich Menschen die Mühe, vor Gericht zu ziehen, um ihr vermeintliches Recht durchzusetzen. Weil es so viele witzige oder kuriose Gerichtsfälle gibt, wurde in den 90er Jahren der sogenannte „Stella Award" ins Leben gerufen, ein Preis, der besonders bekloppte Fälle auszeichnet. Man kann darüber streiten, wie sinnvoll ein solcher Preis ist, aber wir müssen uns keine Sorgen darüber machen, dass dem „Stella Award" irgendwann einmal die Anwärter ausgehen.

Einer der Anwärter wäre zum Beispiel ein deutscher Rastafari, der das Recht auf seine private Haschischplantage einklagen wollte. Natürlich ist der Anbau von Cannabis und Haschisch in Deutschland verboten – das weiß man selbst, wenn man von morgens bis abends Bob Marley hört. Unser Rastafari aber versuchte es trotzdem und zog vor das Bundesverwaltungsgericht: Er sei Anhänger der Rastafari-Religion. Für ihn sei Haschisch kein Betäubungsmittel, sondern ein Hilfsmittel, um zu religiöser Erleuchtung zu gelangen und somit dem Beten vergleichbar.

Mit dieser ganz speziellen Interpretation von „Weihrauch" kam der Reggae-Fan vor Gericht natürlich nicht durch. Allein der dreiste *Versuch* lässt darauf schließen, dass Kiffen *doch* blöd im Kopf macht. Und ganz ehrlich: Wenn Haschen und Beten das Gleiche wären, dann wären die Kirchen doch voll mit jungen Leuten.

Der freche Kiffer hatte Pech: Er gewann weder den Prozess noch den „Stella Award". Im folgenden Fall al-

FACT BOX

Amerikanische Gesetze, die es wirklich gibt:

In *Georgia* ist es ungesetzlich, einem Gottesdienst ohne ein geladenes Gewehr beizuwohnen.

In *Harthahome City (Oklahoma)* ist es illegal, eine hypnotisierte Person in einem Schaufenster abzustellen.

Durch Gesetzesbeschluss gilt in *Kansas* jeder so lange als nüchtern, bis er nicht mehr aufrecht stehen kann.

In *Tulsa (Oklahoma)* darf eine Mineralwasserflasche nur unter Aufsicht eines staatlich geprüften Ingenieurs geöffnet werden.

Ein Gesetz in *Louisiana* verbietet es Bankräubern, nach dem Überfall mit einer Wasserpistole auf den Kassierer zu schießen.

In *Detroit (Michigan)* ist es dem Mann gesetzlich verboten, seine Frau an einem Sonntag böse anzuschauen.

In *Memphis (Tennessee)* dürfen Frauen nur Auto fahren, wenn ein Mann vor dem Wagen herläuft und zur Warnung von Fußgängern und anderen Autofahrern eine rote Fahne schwenkt.

In *Atlanta (Georgia)* ist es verboten, eine Giraffe an einer Telefonzelle oder an einem Laternenpfahl festzubinden.

In *Willowdale (Oregon)* ist es ungesetzlich, wenn der Ehemann während des Geschlechtsverkehrs flucht oder seiner Frau Obszönitäten ins Ohr flüstert.

In *Alexandria (Minnesota)* darf kein Mann mit seiner Frau schlafen, wenn er aus dem Mund nach Knoblauch, Zwiebeln oder Sardinen riecht. Wenn es seine Frau verlangt, zwingt ihn das Gesetz, sich die Zähne zu putzen.

Tiere dürfen sich in *Kalifornien* nur paaren, wenn sie mehr als 1500 Fuß von der nächsten Kneipe, Schule und der Kirche entfernt sind.

lerdings bekam der Kläger immerhin den Preis für den kuriosesten Gerichtsfall. Und der fand 2005 – natürlich – in Amerika statt:

Ein Herr namens Christopher Roller verklagte die beiden berühmtesten Zauberer David Blaine und David Copperfield auf die Herausgabe ihrer Berufsgeheimnisse. Wenn sie das nicht täten, müssten sie ihm lebenslang zehn Prozent ihrer Einnahmen abgeben. David Copperfield wird sich totgelacht haben – jeder, der jemals versucht hat, einem Zauberer in die Tasche zu greifen, weiß: Das Kostbarste, was er da vorfindet, sind bunte Tücher und Tauben!

Die Grundlage der Klage aber hat selbst den berühmten Magier verblüfft: Christopher Roller behauptete, dass die Zauberer die Regeln der Physik ausschalten und somit göttliche Kräfte wirken lassen konnten. Und er, Roller, sei GOTT! Also seien es seine Kräfte, und er hätte ein Anrecht auf seinen Anteil.

Hier stellt sich die Frage: Wer hat mehr gekifft: Der deutsche Rastafari oder der amerikanische Gottvater?

Es sind übrigens nicht immer die Kläger, die ihren Verstand am Eingang des Gerichts abgeben. Hin und wieder sind es auch die Richter, die mit ihren Urteilen gelinde gesagt für Erstaunen sorgen. Wie in folgendem Beispiel:

Ein amerikanischer Schüler soll sich absichtlich auf einen seiner Lehrer übergeben haben. Auch wenn wir alle irgendwann mal die Schule zum Kotzen fanden: Das geht natürlich eindeutig zu weit! Also brummte das amerikanische Gericht dem Schüler mit dem empfindlichen Magen völlig zu Recht eine Strafe auf. Und die lautete: Der Jugendliche musste vier Monate lang die

Kotze in Polizeiwagen aufwischen. Ich bin sicher: Der junge Mann wird niemals wieder das Gesetz *brechen*!

Am Ende dieser unglaublichen Reise durch den Gesetzesdschungel möchte ich noch einmal meinen Kumpel Hakan zitieren, der – ganz wie es seine Art ist – zu Anständigkeit und Gesetzestreue aufruft: „Hast du Angst vor krasse Knast, bleibst du einfach konkret sauber – dann kommst du ned rein!"

KAPITEL 11

Natur

„Natur ist gut –

Silikon aber auch!"

Francesco

Stadtkinder erlernen in ihrem Umfeld eigenartige Fähigkeiten. Das müssen sie auch, sonst kommen sie buchstäblich unter die Räder. Ich komme aus Frankfurt. Ich bin Stadtkind. Ich habe die Regeln der Großstadt früh verinnerlicht: Mit zwei Jahren wusste ich genau, was auf den Sperrmüll gehört und was nicht. Mit drei Jahren konnte ich ohne elterliche Hilfe eine fünfspurige Straße überqueren. Mit vier Jahren gelang es mir, sämtliche Hunderassen anhand ihrer Haufen auseinanderzuhalten. So etwas lernt man nur in der Großstadt. Automatisch. In Frankfurt kann das jeder. Aber was man in der Großstadt nicht automatisch lernt, ist der Respekt vor der Natur. Auch ich musste mir diesen Respekt mühsam aneignen.

Als Kind hatte ich diesen Respekt noch nicht. Ich habe zum Beispiel wie andere Kinder auch im Park meinen Müll einfach in die Gegend geworfen. Eines Tages sagte meine Mutter zu mir: „Kaya, hör auf deine Mutter: Du sollst deine Abfälle nicht einfach auf die Wiese schmeißen – dafür gibt es doch Mülleimer!"

Also habe ich versucht, es so zu machen, wie meine Mutter es von mir erwartete und habe die *Mülleimer* auf die Wiese geschleudert! Das war natürlich auch nicht richtig. Aber ich habe nach und nach kapiert, dass Abfälle nicht einfach in die Landschaft geschmissen werden sollen. Heute weiß ich: Wir sind es unserer Erde schuldig, behutsam mit ihr umzugehen – sonst laufen wir Gefahr, dass die gute alte Erde meinen Vater zitiert: „Wenn ihr mich kaputt macht, mach ich euch kaputt!"

Gott sei Dank hat sich bei vielen Menschen die Einstellung zur Natur geändert. Als ich noch ein Kind war, Mitte bis Ende der 70er Jahre, war es in Deutschland beispielsweise völlig normal, seinen Müll im Wald abzu-

FACT BOX

Die Freiburger machen deutschlandweit am wenigsten Dreck: Jeder Freiburger produziert nur durchschnittlich 137 Kilogramm Müll im Jahr.

Am Ende der Statistik stehen die Kölner: Satte 371 Kilogramm Abfall entstehen pro Kopf und Jahr in der Domstadt!

Aber die Kölner haben einen cleveren Weg gefunden, ihren Müll wieder loszuwerden: Sie nennen ihn „Kamelle" und werfen ihn am Rosenmontag den Touristen zu!

laden. Es war zwar verboten, aber trotzdem normal. Der Pessimist sagte: „Eine Schande – der Wald ist voller Abfall." Der Optimist sagte: „Wie herrlich: Auf der Mülldeponie leben Rehe!"

Im Herbst kam es vor, dass sich mitten im Wald Pilzesucher und Sperrmüllsammler gegenseitig den Weg abschnitten! Es lagen so viele verrottete Kühlschränke und Waschmaschinen im Wald, dass viele Rehe schon mit zwei Jahren lesen konnten – aber nur die Worte „Miele" und „Bosch"! Wenn man mitten im Wald einem ungepflegten zottelbärtigen Kauz begegnete, dann war das nicht Rübezahl, sondern einer der Ludolfs auf der Suche nach einem Anlasser für einen 84er-Kadett!

Heute wissen wir, dass die Natur unseren Dreck nicht unbegrenzt aufnehmen kann. Darum gehen wir vorsichtiger mit unseren Ressourcen um. Die Wälder sind deutlich sauberer als vor 20 Jahren. Im Rhein kann man wieder schwimmen, ohne danach vor lauter Chemikalien im Dunklen zu leuchten. Und wer heute noch so richtig schädliche Abgase einatmen will, der muss raus aus den Umweltzonen der Innenstädte und sich auf dem Land hinter einen alten ungefilterten Diesel-Trecker stellen.

Andere Länder tun sich wesentlich schwerer mit ihren Müllproblemen. Die Malediven sind dafür ein gutes Beispiel: Auf den 1087 meist kleinen Inseln hauste bis vor ein paar Jahrzehnten nur eine Handvoll freundlicher Insulaner, die von Hirse, Süßkartoffeln und Fischen lebte und kaum Dreck machten.

FACT BOX

Die höchste Stelle der Malediven erhebt sich gerade einmal 2 Meter über dem Meeresspiegel.

Was sich mit Eimerchen und Schippchen aber schnell auf 2,10 Meter hochjubeln lässt. Und dann werden die Malediven so langsam interessant für Reinhold Messner.

1972 besuchte die erste europäische Reisegruppe die Trauminseln und brachte zwei westliche Errungenschaften mit auf die Atolle: Dollars und Müll. Während die Malediver für die Dollars immer ein geeignetes Plätzchen fanden, wuchs ihnen das Müllproblem über den Kopf.

Auf den kleinen Inseln konnten sie ihn nicht lassen – denn dort störte er die Touristen. Also erklärten sie die Insel Thilafushi zur Müllinsel und versuchten, dort allen Abfall zu deponieren. Was für eine absurde Idee! Sylt, Norderney und Wangerooge wissen nicht wohin mit dem Abfall? Sie erklären Juist zur Müllinsel und schütten den ganzen Mist zwischen Kurhaus, Jugendherberge und Inselbücherei! Das kann nicht gutgehen!

Malediven 2011

Malediven 2025

Im Meer versenken konnten die Malediver den Müll auch nicht – denn auch dort störte er die Touristen. Schließlich kam und kommt ein Großteil der Gäste zum Schnorcheln und Tauchen dorthin. Die Malediver machten es trotzdem und versenkten erhebliche Müllmengen direkt vor ihren traumhaften, weißen Sandstränden. Die Tauchgäste ließen sich davon allerdings bis heute nicht ihren Traumurlaub vermiesen: Abends am All-Inclusive-Büffet berichten sie aufgeregt davon,

FACT BOX

Um auf die Bedrohung des Landes durch den Anstieg des Meeresspiegels hinzuweisen, hielt der maledivische Präsident Nasheed am 17. Oktober 2009 eine Kabinetts-Sitzung auf dem Meeresboden ab.

Bundeskanzlerin Angela Merkel empfand die maledivische Konferenz politisch als mutmachend – ihr und der Bundesregierung steht das Wasser immerhin nur bis zum Hals.

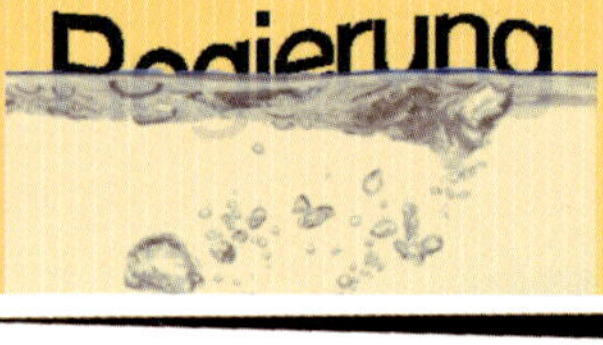

dass sie im Hausriff sechs Manta-Rochen, einen Katzenhai, zwei Meeresschildkröten und drei Perwoll-Flaschen gesichtet haben.

Einige Malediven-Inseln verlangen von ihren Gästen sogar, den Müll wieder mit nach Hause zu nehmen. Das ist kein Witz: Man sammelt wochenlang seine Bierdosen, Einwegflaschen und Chipstüten in einem blauen Sack, und das ganze Zeug fliegt nach Urlaubsende zurück mit nach Deutschland. Wer sagt denn, dass Urlaubsmitbringsel immer handgearbeitete Muschelketten oder Batiktücher sein müssen? Auch eine leere Redbull-Dose kann mehr sagen als tausend Worte!

Deutschland ist zum Glück schon länger auf dem Umwelttrip. Spätestens seitdem am 13. Januar 1980 in Karlsruhe die Grünen an den Start gingen, hat sich in den Köpfen der Menschen viel getan. Der letzte Schrei sind seit ein paar Jahren die sogenannten Umweltzonen: In vielen Innenstädten dürfen nur noch Autos fahren, die eine bestimmte Abgasnorm erfüllen. Die alten Stinker müssen draußen bleiben.

Hakan meint:

**„Umweltzone?
Das ist konkret nicht neu.
In meine Disco kommen
alte Stinker auch ned rein!“**

Ich halte die Umweltzonen für keine gute Idee. Denn die alten Dreckschleudern gibt es ja weiterhin – nur halt nicht mehr in den Innenstädten. Dafür fahren sie auf dem Land rum. Dann lesen wir im *Eifeler Provinzboten* demnächst:

„In Eifeldorf Ramscheid bei Hollerath bei Hellenthal wurde gestern Smogalarm ausgerufen, weil Bauer Vermöhlen in seinem 91er-Ford Scorpio V6 und Bauer Schmitz in seinem 87er-Citroën CX GTI Turbo II gleichzeitig vom Hof fuhren."

Im Gegenzug dazu ist in der Innenstadt von Essen, Bochum, Duisburg und Hamm die Luft wieder so gut, dass die ersten Bergleute mit Sauerstoffschock ins Krankenhaus eingeliefert werden müssen.

Dafür bin ich ein großer Fan der Mülltrennung – „Mülltrennung", oder wie Lothar Matthäus sagt: „Scheidung".

Ich habe zu Hause fünf Tonnen: gelbe Tonne, Papier, Kompost, Sondermüll und Restmüll. Manchmal ist es gar nicht einfach zu entscheiden, welcher Abfall in welche Tonne gehört. Apfelschalen zum Beispiel: Eigentlich ein klarer Fall für die Komposttonne. Andererseits ist eine Apfelschale aber auch irgendwie Verpackung, also könnte sie auch in der gelben Tonne landen. Und wenn die Wiese, auf der der Apfelbaum steht, von ungarischem Giftschlamm überspült worden ist, dann gehört die Schale natürlich in den Sondermüll. Schwierig. Wenn ich gar nicht mehr durchblicke, dann rufe ich meinen Kumpel Hakan an, und der sortiert dann für mich den Müll. Er stellt sich mit den Abfällen vor die Tonnen, und schon geht es los:

„Du kommst *hier* ned rein!

Du kommst *da* ned rein!

Dafür kommst du da hinten rein!

Und du da …"

Ich lebe weitgehend umweltbewusst und bemühe mich, die Natur zu schonen. Mein Kumpel Francesco ist da ein bisschen weniger konsequent:

Francesco meint:

„Wegen zwei Batterie isse fahre nicht zur Sondermüll-Deponie. Was isse allein an Sprit verfahre würde, wenn isse die 40 Kilometer mit meine alte Alfa Romeo zur Deponie rase – das ist umweltmäßig eine Rechnung von de Milchmädche. Da vergrabe isse die Batterie lieber in de Garten!"

Wir haben uns die Welt nur von unseren Kindern geliehen. Beziehungsweise von *euren* Kindern – *ich* verhüte ja! Ich möchte, dass eure Kinder in den Wald gehen können, ohne Eintritt zu bezahlen, weil ein gesunder Baum bis dahin so selten ist wie ein Picasso.

Natur unmittelbar zu erfahren, ist enorm wichtig für die kindliche Entwicklung. Ich weiß, wovon ich rede. Ich lebte damals ein paar Jahre lang mit meinen Eltern und meinem Bruder in Maintal-Dörnigheim. Maintal-Dörnigheim liegt 13 Kilometer östlich von Frankfurt, und das war für uns Kinder natürlich ein Paradies: Wir waren vollkommen von der Außenwelt abgeschnitten. Es gab nichts. Das Dorf war so klein – wir hatten einstellige Telefonnummern.

Einmal kam sogar ein Mann aus Ohio in unser Dorf und rammte eine amerikanische Flagge in unseren Vorgarten – er war der Überzeugung, dass er eine der Menschheit bis dahin unbekannte Siedlung entdeckt hatte. Wir waren so weit draußen – wenn meine Mutter mal kurz Zigaretten holen ging, war sie erst Monate später wieder zurück.

Es war wenig los in Maintal-Dörnigheim, aber das war uns Kindern egal, denn wir lebten mitten in der Natur. Das Grün war direkt vor der Haustür. Ich liebte es, direkt von unserer Haustür aus über die Felder zu rennen. Ich spielte zwischen dem Korn und kletterte mit meinen Freunden auf die Bäume. Dort spielten wir Piraten: Der Baum war das Schiff, jeder saß auf einem Ast, und wir schunkelten, um einen Sturm zu simulieren – wir fühlten uns wie Besoffene auf einer Karnevalssitzung. Und im Herbst plünderten wir die Obstbäume unseres Nachbarn – damals ernährte ich mich monatelang nur von Pflaumen und Maden!

In der Nähe war auch ein Baggersee, der im Winter fast völlig zufror. Wenn es so weit war, machten meine Kumpels Hakan, Ranjid, Francesco und ich immer Mutproben: Wer traut sich am weitesten aufs Eis?

Ranjid meint:

„Ich habe den Anfang gemacht. Weil ich mich aber nicht allein traute, habe ich meine Kuh Benytha mitgenommen. Die rutschte natürlich sofort aus und knallte mit dem Euter voll aufs Eis. Am nächsten Tag gab sie keine Milch, sondern Softeis!“

Francesco meint:

„Isse bin nicht auf de See drauf gegange – isse bin so heiß, das Eis wäre sofort gesmolzze!"

Hakan meint:

„Was soll ich auf de Scheiße See? Wenn ich konkret auf die Fresse falle will, dann geh ich in Tanzschule!"

Niemand traute sich so weit aufs Eis wie ich. Also habe ich gewonnen. Ich musste den Sieg aber teuer bezahlen, denn ich brach natürlich ein. Wer jemals mit acht Jahren in drei Grad kaltes Wasser gefallen ist, weiß, wie ich mich fühlte: Ich hatte einen Kälteschock. Ich konnte kaum atmen. Ich wünschte, ein „Bofrost"-Wagen käme vorbei, damit ich mich darin aufwärmen könne! Und um mich herum standen Ranjid, Hakan und Francesco und lachten sich kaputt. Gut, wenn man Freunde hat!

Zu Hause bekam ich dann richtig einen auf den Deckel. Mein Vater war außer sich: „Hörst du, Arschkopf – wenn du de See kaputt machst, mach ich dich kaputt!"

Damals hatte ich kurzzeitig meine Liebe zur Natur verloren. Aber als ich nach ungefähr drei Wochen wieder auftaute, war alles wieder gut. Heute fühle ich mich eins mit der Natur. Ich bin ein richtiges Landei geworden. Nur wenn um mich herum alles grün ist, fühle ich mich richtig wohl – darum fahre ich auch gerne in Zügen, die voll besetzt mit Werder-Bremen-Fans sind.

Ich bin vor einiger Zeit aufs Land gezogen, und ich finde es super. Das Landleben ist ruhig, unspektakulär und friedlich. Ich bin so viel beruflich unterwegs, dass ich es zwischendurch total genieße, wenn nicht jeder, den ich treffe, sagt: „Ey, Handyfoto". Stattdessen höre ich auf der Straße nur „Muh", „Mäh", oder „Herr Yanar, es ist mir unangenehm, aber ich habe gerade mit meinem Trecker Ihren Wagen touchiert. Dabei hat sich wohl die Handbremse gelöst, und er ist in meine Jauchegrube gerollt."

Ich liebe diese Anonymität auf dem Land. Niemand will etwas von mir. In der ganzen Zeit wurde erst zweimal bei mir geklingelt: Einmal waren es die Sternsinger, und einmal die Zeugen Jehovas.

Und ich bin zum Frühaufsteher geworden. In der Stadt kam ich morgens kaum aus dem Bett. Auf dem Land stehe ich schon um fünf Uhr auf. Kein Problem. Einen Wecker ausmachen und sich noch mal umdrehen? Das habe ich in Frankfurt gemacht. Aber nur weil ich noch was liegen bleiben will, einen Hahn töten? Das ginge dann doch ein bisschen zu weit.

Wenn ich dann morgens das Fenster aufreiße, sauge ich mir erst einmal die Lungen voll mit guter Landluft:

FACT BOX

Der amerikanische Astronaut Don Pettit hat festgestellt: Das Weltall riecht metallisch nach frischer Schweißnaht. Pettit bemerkte den Geruch an den Kollegen, die von Weltraumspaziergängen zurückkamen.

Der gleiche Test wäre bei den russischen Kosmonauten vermutlich anders ausgefallen. Dort hieße das Ergebnis: Das Weltall riecht nach Wodka.

einfach einmalig, diese Mischung aus Gülle, Diesel und verbrannten Gartenabfällen!

Wenn ich nicht gerade im Garten arbeite, liebe ich es, durch die umliegenden Wälder zu streifen. Ich bin ein richtiger Wald-Experte geworden. Ich verhalte mich immer mucksmäuschenstill, um die vielen besonderen Geräusche mitzubekommen und zu deuten.

„Dschää! Dschää!" Aha, klare Sache: Das ist der Ruf des Eichelhähers!

„Brrrröh! Brrrröh!" Oh, die Wildschweine haben wieder Paarungszeit!

„Tschaka dumm döngelöngelöng! Tschaka dumm döngelöngelöng!" Hm, ich sollte im Wald vielleicht mein Handy stumm schalten.

Ich habe im Wald einen Heidenrespekt vor Tieren und Pflanzen. Wenn ich im Wald spazieren gehe, dann achte ich peinlich genau darauf, bloß nicht auf eine Ameise zu treten. Denn Ameisen sind für mich nicht nur Waldtiere – sie sind auch echte Vorbilder. Sie können das Hundertfache ihres Körpergewichts tragen. Gut, wenn ich nur zehn Milligramm wiegen würde, könnte ich das auch. Aber Ameisen finde ich trotzdem faszinierend. Millionen von kleinen Arbeitern bauen gemeinsam an einem Ameisenhügel. Jeder weiß, was er tut. Keiner fällt aus der Reihe. Nie würde man bei Ameisen Sätze hören, wie sie auf Menschenbaustellen gang und gäbe sind:

„Wo ich die letzten vier Stunden war? Ich war Material holen!"

„Ich kann jetzt nicht, ich hab Pause!"

„Wo ist denn die *Bild* – ich bin mal für 'n Stündchen auf 'm Dixi!"

Ich bin oft den ganzen Tag im Wald unterwegs. Dann nehme ich mir etwas zu essen mit und mache irgendwo auf einer lauschigen Waldlichtung ein Picknick.

Es gibt nichts Schöneres! Einfach herrlich, sich auf der karierten Decke ausbreiten und mit Heißhunger über die mitgebrachten Brote herfallen ... so sind sie, die Ameisen!

Bei aller Liebe zur Natur: Nicht alle Kreaturen des Waldes taugen zum Vorbild.

Die Ameise ist hilfsbereit und fleißig. Super.

Der Specht ist höflich: Er klopft an. Vorbildlich.

Aber die Zecke? Asozial! Gierig! Schmarotzerhaft!

Vor ein paar Jahren hat mich mal so ein Mistviech gebissen. Ich war mit meinem Kumpel Francesco unterwegs, aber ihm ist nichts passiert. Er hatte schon ein Gläschen Prosecco intus, und vielleicht musste die Zecke ja noch fahren. Die Zecke hat eine Riesenportion Kaya-Blut vertilgt und ist dann zufrieden losgezogen, um ihren Kumpels Bescheid zu sagen: „Ey, Leute, da hinten gibt es Kaya alkoholfrei! Und wer will: Es ist auch was *mit* Umdrehungen da!"

Was hat sich Gott bei der Erschaffung von Spinnen, Zecken und Mücken gedacht? Haben wir ihn mit irgendwas gepiekst, ohne es zu merken? Vielleicht mit einem Handy-Antennenmast oder so? War Gott sauer und hat gesagt: „Wenn ihr mich stecht, stech ich euch!"?

Und hat dann die Viecher auf die Erde geschickt?

Moskitos übertragen Krankheiten: Malaria, Lepra, Fieber und, und, und. Etwas anderes haben diese Plagegeister nicht im Angebot. Warum übertragen Mücken nicht was Schönes? Vitamin C? Amphetamine? Oder Bundesliga unverschlüsselt?

Warum saufen Zecken nur unser Blut, statt sich nützlich zu machen und die Giftstoffe aus unserem Körper zu ziehen? Kein Wunder, dass Zecken so unbeliebt sind. Vielleicht sollten sie mal ein bisschen Lernbereitschaft an den Tag legen! Hunde kommen auch nicht mit Zeitung und Pantoffeln im Maul zur Welt! Die *üben* das!

Wenn sich die Insekten ein bisschen mehr Mühe geben würden, dann würde ich sie lieben. Bienen, arbeitet an eurem Sexappeal! Dann stelle ich mich auch nackt in euren Bienenstock. Eine herrliche Vorstellung – stechen und gestochen werden!

Aber Bienen sind ja leider blöd. Wir nehmen ihnen ihren mühsam gesammelten Honig. Sie fliegen sich den Arsch ab, und wir kommen dann regelmäßig vorbei und klauen ihren Monatsverdienst. Und die Bienen tun nichts dagegen. Gut, anzeigen können sie den Dieb schlecht. Wenn sie auf die Polizeiwache fliegen würden, würde der Beamte fragen: „Wie sah der Dieb denn aus?"

„Tja, wie immer: Weißer Overall, weißes Netz überm Kopf ... wie ein Imker halt!"

Natürlich sind Bienen in der Lage, sich zu wehren: Sie können uns Menschen stechen. Aber halt nur einmal. Wie eine Einwegspritze. Einmal gepiekst, und dann ist der Stachel ab. Tiere können von einer Biene mehrmals gestochen werden, denn deren Haut ist dünn. Aber wir Menschen sind für Bienen wahre Dickhäuter. Wenn sie uns stechen, bleibt der Stachel stecken. Die Bienen fliegen weiter – und dabei reißt es ihnen den Arsch weg!

So leid mir die Bienen in dem Moment tun – ich würde gern mal das Gesicht einer Biene sehen. Was sie wohl denkt?

„Hey, cool! Ich habe abgenommen! Mein dicker Arsch ist weg!"

Ich träume also von einer Welt ohne Stechmücken und andere Plagegeister. Und ich habe noch einen anderen großen Traum: Einmal Sex in der freien Natur zu haben! Das muss himmlisch sein – wenn die Bedingungen stimmen. Ich stelle mir Sex im Freien vor wie ein Sandwich. Die Schichten von oben nach unten wären:

Sternenhimmel
Kaya
Frau
Wiese.

Oder meinetwegen auch:

Sternenhimmel
Frau
Kaya
Wiese.

Die Gedanken sind frei. Man darf träumen, was man will. Also habe ich einmal sogar an folgende Situation gedacht:

Sternenhimmel
Frau
Kaya
Frau
Wiese.

Bis jetzt habe ich mich noch nicht einmal mit *einer* Frau getraut! Ich habe Angst, erwischt zu werden oder mich zu erkälten oder von einem Maulwurf in den Hintern gebissen zu werden. Aber ich weiß, wenn ich länger warte, dann bin ich irgendwann unter der Erde. Und dann ginge nur noch:

Sternenhimmel
Frau
Wiese
Kaya.

Ich bin übrigens auch ein begeisterter Bergwanderer. Und wenn ich „Berge" sage, dann *meine* ich auch Berge! Geht mir weg mit Taunus, Eifel oder Harz! Ich will dahin, wo selbst Gemsen sagen: „Hoppla, jetzt wird aber selbst *uns* schwindlig!" Ich bin schon in den Schweizer Bergen gewandert. Sobald ich einen Berg sehe, muss ich sofort rauf steigen. Ich bin der Reinhold Messner der Comedy – mit dem Unterschied, dass ich noch alle Zehen habe.

Ich bin so viel in den Bergen unterwegs, auf vielen Hütten in der Schweiz bin ich mittlerweile Stammgast.

FACT BOX

Früher glaubte man, dass Nikotin gegen Höhenkrankheit helfe. Als 1905 eine britische Expedition den dritthöchsten Berg der Welt, den 8.598 Meter hohen Kangchenjunga, besteigen wollte, hatte sie 25.000 Zigaretten dabei.

Nur um sich die unglaubliche Menge mal klarzumachen: 25.000 Zigaretten – das ist die Tagesration der Rolling Stones!

Die Hüttenbetreiber sehen mich schon von weitem und rufen ihren Angestellten zu: „Kaya kommt! Baut das Sauerstoffzelt auf!"

Bergsteigen ist toll, aber es ist gleichzeitig so anstrengend! Ich verstehe nicht, dass sich jemand wie Reinhold Messner das Leben zusätzlich noch schwermacht.

FACT BOX

Am 8. Mai 1978 bestieg Reinhold Messner als erster Mensch überhaupt den Mount Everest ohne Verwendung eines Sauerstoffgeräts.

Einfach nur so den höchsten Berg der Welt zu besteigen, scheint einem Reinhold Messner nicht zu reichen. Seine Pläne für die kommenden Expeditionen:

Besteigung des Mount Everest ohne Fax-Gerät. Besteigung des K 2 ohne Hosenbügelautomat. Besteigung von Frau Messner ohne Bunsenbrenner.

Ich lebe gern auf dem Land – und lebe freiwillig da. Viele Menschen ziehen aber nur deswegen aufs Land, weil es ihnen in der Stadt zu teuer ist. Vor allem junge Familien wagen immer öfter den Schritt in die Provinz:

„Conny, seit die kleine Chayenne da ist, bin ich nicht mehr im Kino gewesen, nicht mehr in der Kneipe, habe mich nicht mehr mit meinen Freunden getroffen ... wie wäre es mit einem Häuschen im Grünen?"

„Tolle Idee, Manfred, aber ist das nicht wahnsinnig teuer?"

„Nö – ich habe eins in der Zeitung gesehen: Riesengarten, Waldlage, zwei Zimmer ..."

„Aber, Manfred! Glaubst du nicht, zwei Zimmer sind zu wenig für uns drei?"

„Wieso drei? *Ich* bleibe natürlich *hier*!"

Die Familien, die aus Geldgründen aus der Stadt wegziehen, werden oft unglücklich auf dem Land und vereinsamen dort: Schon zur Einweihungsparty kommen von 80 eingeladenen Freunden maximal noch drei. Zum Geburtstag meldet sich nur noch die eigene Mutter, und das auch nur telefonisch. Und selbst der GEZ-Mann sagt sich: „Für die paar Euro fahre ich doch nicht bis an den Arsch der Welt!"

Man muss sich halt vorher genau überlegen, ob man für das Leben in der Natur geeignet ist. Die meisten überlegen aber nicht und gucken nur aufs Geld. Ein Fehler. Später versuchen sie dann, sich ihre selbst gewählte Am-Arsch-der-Welt-Lage schönzureden.

Das häufigste Argument: „Wir sind in fünf Minuten im Wald!"

Der Städter fragt sich: Warum muss man innerhalb von fünf Minuten im Wald sein? Macht der Wald um sechs Uhr zu? Kriegt man sonst nur noch einen Stehplatz? Haben die Rehe nur noch die paar Minuten Happy hour?

Das zweithäufigste Argument: „Wenn wir wollen, sind wir in 40 Minuten im Kino!"

Der Städter sagt: „Wir haben es besser: Wenn *wir* wollen, sind wir in vierzig Minuten im *Wald*! Und in *fünf* Minuten im Kino!"

Das dritthäufigste Argument: „Am Ende des Monats bleibt jede Menge Geld übrig!"

Der Städter meint: „Schön! Schade nur, dass es nichts in der Nähe gibt, wofür ihr es ausgeben könnt!"

Es gibt genügend gute Argumente für und gegen das Landleben. Mein Argument für das Landleben: Ich bin der Natur näher als in der Stadt. Ich liebe die Tiere, ich liebe die Pflanzen, und ich liebe selbstverständlich auch die Menschen.

Zwei Dinge haben mich immer berührt: der Menschenschutz und der Tierschutz. Ich unterstütze Amnesty International und die Tierrechtsorganisation PETA. Für PETA bin ich sogar als Botschafter unterwegs.
Es geht mir um den Schutz des ganzen Planeten, „Gaia", wie der berühmte Chemiker, Mediziner und Biophysiker James Lovelock ihn nennt. „Gaia" umfasst alles, was ich auf unserem Planeten liebe: die Flora, die Fauna und all die anderen Mädels.

Wie Lovelock glaube auch ich, dass „Gaia" ein intelligenter Organismus ist. Dazu zähle ich natürlich auch die Tiere. Tiere kennen keinen Rassismus. Ein Löwe sagt sich: „Ich mache keine Rassentrennung. Scheißegal, ob Gnu, Gazelle oder Antilope - Hauptsache lecker!"

Tiere kennen keine sozialen Schichten, keine Steuern und keine Krankenkassen. Sie machen alles instinktiv: Nur der Stärkste wird der Anführer - und nicht der mit den meisten Länderspielen.

Tiere sind einfach nur Tiere. Wenn der Tiger morgens Hunger hat, dann zieht er los und sucht sich was. Wenn nicht, dann hängt er ab und knattert die Tigerin. Was für ein Leben!

Als Kind hat man mir beigebracht: Der Mensch ist die Krone der Schöpfung. Aber als ich erwachsen wurde, dachte ich intensiver über diese These nach: Krieg, Hass, Volksmusik ... mir kamen leise Zweifel, dass wir tatsächlich die Krone der Schöpfung sind!

Die offene Frage über die Krone der Schöpfung hat

mich Konsequenzen ziehen lassen: Ich esse seitdem kein Fleisch mehr. Ich will auf Nummer sicher gehen: Nachher stellt sich raus, dass die *Tiere* den Planeten beherrschen und wir Menschen nur die Gäste sind ... und da will ich nicht in Erklärungsnot kommen: „Ja, es kann sein, dass ich damals Ihren Außenminister gegessen habe, aber für mich war das vollkommen normal! Wir wussten ja von nichts! Für mich war er in dem Moment auch nicht Außenminister, sondern einfach nur Mettbrötchen!"

Ich bin der Meinung, wir Menschen sollten uns der Natur anpassen – und nicht umgekehrt. Es gibt keine Situation, für die es keine Lösung gibt. Die Natur selbst ist mit ihren fantastischen Ideen das beste Vorbild!

Die Natur wehrt sich. Sie gibt sich nicht kampflos geschlagen und versucht mit allen Mitteln, sich an den Mist anzupassen, den wir verzapfen. Und die Menschen kriegen es nicht mit. Auch der Klimawandel ist eine Reaktion der Natur auf das Fehlverhalten der Menschen:

FACT BOX

Schwarzkinn-Kolibris fliehen nicht vorm Zivilisationslärm der Menschen – sie nutzen ihn. Die Vögel suchen sich extrem laute Brutplätze, um mit dem Lärm ihre Feinde abzuhalten. In den USA haben Biologen sogar Tiere beobachtet, die ihre Nester direkt neben großen Kompressoren bauten.

Die einzigen Menschen, die freiwillig die Nähe zu unerträglichen Geräuschen suchen, sind Freunde der Volksmusik.

Weil wir so viel Dreck in die Luft pusten, sagt sich das Klima: „Wenn ihr macht, was ihr wollt, dann mache ich auch, was ich will."

Und was macht der Mensch? Anstatt „Entschuldigung" zu sagen, ab sofort auf die Natur Rücksicht zu nehmen und zu versuchen, den Klimawandel zu stoppen, sagt er sich: "Klimawandel ist geil! Ich fahr mit meinem Achtzylinder-SUV noch zehnmal um den Weihnachtsmarkt, dann ist es morgen so warm, dass ich ins Freibad gehen kann!"

KAPITEL 12

Urlaub

„Für mich eine Nacht mit
unbekannte Signorina
isse die schönste Form
von Fremde-Verkehr!"

Francesco

In Deutschland wird an allen Ecken und Enden gespart: Der Staat streicht Kindergartenplätze, Bildungs- und Sozialleistungen, aber auch im Privaten wird kräftig zurückgesteckt. So können es sich viele Familien und sozial Schwache nicht mehr leisten, öfter als viermal im Jahr Urlaub zu machen! Viele sagen sich: Lieber verhungern, nie wieder ein Buch kaufen und jahrzehntelang im gleichen Jogginganzug zur Arbeit gehen, als auf den monatlichen Wochenendtrip nach Palma de Mallorca zu verzichten!

Es ist eine unumstößliche Tatsache: Die Deutschen geben Unsummen für ihren Urlaub aus! Manche Statistiken sprechen von 52 Milliarden Euro pro Jahr, und da ist die Minibar-Abrechnung von Willi Herren noch nicht mitgerechnet. 52 Milliarden! Damit ist Deutschland uneinholbar Reise-Weltmeister! Also, wer Lust auf einen Autokorso hat: Fähnchen raus, hupen und ab die Post!

Dabei ist Reisen als Freizeitbeschäftigung noch gar nicht so alt: Erholungs- und Vergnügungsreisen gibt es erst seit dem 19. Jahrhundert. Wer vorher den Aufenthaltsort wechselte, tat das wegen Wassermangels und Naturkatastrophen

FACT BOX

Die erste Pauschalreise der Geschichte organisierte der Engländer Thomas Cook am 5. Juli 1841: Eine Bahnreise von Leicester nach Loughborough, natürlich all inclusive.

Die Gäste mussten allerdings kein Plastikbändchen ums Handgelenk tragen, vor allem deswegen, weil 1841 das Plastik noch gar nicht erfunden war!

(Steinzeit), um zu heiligen Stätten zu pilgern und Wallfahrten zu unternehmen (Mittelalter), um Handel und Wissenschaft zu betreiben (frühe Neuzeit) oder weil der Nachbar den ganzen Tag bei offenem Fenster mit höllischer Lautstärke Mozart hörte (18. Jahrhundert).

Nach 1850 begann auch in Deutschland das touristische Zeitalter: Man staunte nach mühsamer, tagelanger Anreise über die herrlichen Landschaften in Italien oder Frankreich, begegnete nie gesehenen Kulturen und versuchte vergeblich, die fremde Sprache zu verstehen. Dafür musste man den Gegenwert eines Einfamilienhauses auf den Tisch legen – Reisen war also nur etwas für wenige Privilegierte.

Heute kann jeder reisen, wann, wohin und so oft er will. Reisen ist spottbillig geworden: Meistens ist der teuerste Posten eines Urlaubs der kurze Anruf in der Heimat, dass man gut gelandet ist. Jeder Reiseveranstalter hat Schnäppchenangebote: Schon für ein paar Euro kann man problemlos vier Wochen lang in die Sonne fliegen! Wer noch günstiger ins Ausland will, der muss sich schon beim Dschungelcamp bewerben!

Ranjid meint:

„Wenn ich zu meiner Familie nach Indien reise, dann muss Benytha leider zu Hause bleiben. Man darf ja nur einen Liter Flüssigkeit mit an Bord nehmen – das haut nie hin … bei dem Euter! Am Flughafen von Bombay nehme ich mir dann immer eine Miet-Kuh – bei ‚InterRind' … hihihi."

Natürlich geht es auch teurer: Das Exotischste, was ich mir jemals geleistet habe, war Australien – ich wollte einmal so weit weg wie möglich. Der 24-stündige Flug lohnt sich: Australien ist wunderschön! Aber eins sollte jeder beachten, der nach Australien fliegen will: bloß nicht Economy Class fliegen! Dann lieber trampen! Oder irgendwie das Geld zusammenkratzen! Einen Kredit aufnehmen! Eine Bank überfallen! Anschaffen gehen! Völlig egal, wie man an das Geld kommt, Hauptsache, nicht Economy Class fliegen!

Auf Kurzstreckenflügen ist es egal, innerhalb Deutschlands erst recht. Da fliege ich auch immer Economy, denn bei den kurzen Strecken ist der einzige Unterschied zwischen Economy und Business Class der Preis. Und der Vorhang, der die teuren von den billigen Plätzen trennt. Mehr nicht. Da zahlt man 600 Euro mehr für einen Vorhang! Und den darf man nach der Landung noch nicht mal behalten!

Aber sobald man Europa verlässt, empfehle ich unbedingt Business Class. Bei Interkontinentalflügen macht das einen Riesenunterschied! Für den Hinflug nach Australien hatte ich noch Economy gebucht – und habe es sofort bereut! Denn das bedeutete für die kommenden 24 Stunden: Ich hatte exakt einen Quadratmeter Platz. Einen Quadratmeter! Das ist etwas mehr als eine handelsübliche Oblate! Wäre ich ein Hund gewesen, hätte der Tierschutzbund sofort die Fluggesellschaft verklagt und den Piloten gesteinigt, aber ich bin ja nur ein Mensch – dem kann man so was antun …

Wobei ich zugeben muss, dass das mit dem einen Quadratmeter natürlich nicht für den ganzen Flug gilt. Sobald der Vordermann seinen Sitz zurückgeklappt hat, bleibt einem nämlich nur ein *halber* Quadratmeter!

Nimmt man dann noch den breitbeinig *FAZ*-lesenden Bodybuilder auf dem Nachbarsitz dazu, hat man am Ende ungefähr so viel Platz wie in einem Brillenetui! Seitdem habe ich einen Heidenrespekt vor diesen Schlangenfrauen, die sich im Zirkus immer in eine Keksdose quetschen! Als ich nach 24 Stunden in Sidney ankam, war ich auf jeden Fall sehr erleichtert. Und die erste Woche Australien ging dafür drauf, wieder den aufrechten Gang zu lernen.

Zurück bin ich übrigens Business Class geflogen.

Ich habe mir gesagt: Ich mache den Scheiß nicht noch mal mit. Und ich muss sagen: Es hat sich gelohnt! In der Business Class wirst du von bildschönen Stewardessen (die in der Business Class alle so aussehen wie Töchter der Stewardessen aus der Economy Class) alle fünf Minuten gefragt: „Möchten Sie Abendessen?"

„Öh, jaaaaa! Es gab zwar vor einer halben Stunde noch verschiedene Kaffeespezialitäten und Baumkuchen, aber warum eigentlich nicht? Was steht den so zur Auswahl?"

„Was Sie wollen! Wir haben vegetarische Gerichte, wir haben Salate, wir haben alkoholische Getränke, wir haben Desserts – was möchten Sie haben?"

Das nenne ich Service!

In der Economy Class wird man hingegen nur einmal gefragt. Nach fast 24 Stunden Flugzeit. Zehn Minuten vor der Landung.

„Essen?"

„Nein danke, junger Mann!"

„Ich bin kein Mann!"

„Oh, sorry! Trotzdem danke – ich bin schon verhungert!"

Und selbst, wenn man noch Appetit haben *sollte*, ist die Auswahl nicht mit der in der Business Class zu vergleichen:

„Möchten Sie Abendessen?"

„Was gibt's denn zur Auswahl?"

„Ja oder Nein?"

FACT BOX

Weltweite Erlöse durch Tourismus 2004: 623.000.000.000 US-$

Davon Anteil Kaya Yanar: 199 € (14 Tage **-Hotel Don Juan, Lloret de Mar)

Seit meinen Australien-Erfahrungen ziehe ich kürzere Reisen vor. Eine Zeit lang habe ich sogar nur Ziele gewählt, von denen ich zu Fuß wieder nach Hause kommen konnte! Und eines Tages habe ich mich dann wieder weiter weg getraut: in die Schweiz!

Ich hab mir gedacht: „Die Schweiz, das klingt nach Gemütlichkeit und Toleranz – da wird es mir gefallen." Aber die Schweiz ist genau das Gegenteil! Denn die Schweiz ist klein, und bei Ländern verhält es sich wie bei Hunden: Die kleinen sind besonders wehrhaft! Vor allem, wenn sie von größeren umringt sind!

Ich war 2007 da, und damals gab es in der Schweiz eine heftige Debatte wegen eines Moscheebaus. In der Sache waren die Schweizer *noch* ein bisschen paranoider als sonst schon. Die Schweizer sind generell misstrauisch: „Was wollt ihr von uns? Nein, da machen wir nicht mit, oder? Finger raus aus unserem Käsefondue!"

Die Schweiz gilt auch nicht als besonders kooperativ. Die Schweizer machen nichts mit: kein Euro, keine EU, keine WM!

Und wer glaubt, dass es nur in Deutschland Ausländerfeindlichkeit gibt, der hat sich getäuscht: Viele Schweizer glauben ebenfalls, dass in ihrem Land zu viele Ausländer leben - auch wenn dort die Ausländer nicht Yussuf Ünal oder Branco Dojcak heißen, sondern Günter Netzer und Michael Schumacher!

Trotzdem bin ich in die Schweiz gefahren, denn in der Schweiz kann man man viele tolle Sachen machen: Man kann auf die Berge klettern, man kann auf die Berge klettern, man kann aber auch - wenn man sportlich genug ist - auf die Berge klettern! Also habe ich meinen ersten Zweitausender erklommen! Ohne Sherpa! Ohne Sauerstoffgerät! Und sogar ohne Auto! Ich habe den halben Tag gebraucht!

Oben auf dem Gipfel habe ich gestaunt: Es sah wunderschön aus! Ganz genau wie bei „Heidi"! Wirklich unfassbar! Da gibt es die kleine Hütte, davor saß der Alm-Öhi mit seinem Hut auf dem Kopf, seiner Pfeife im Mund und seinem weißen Zwirbelbart. Er hat mich angeguckt, die Augen ganz klein gemacht und gesagt: „Grüezi!"

Zugegeben, das war jetzt nicht rasend originell, aber ich fand das sehr nett von ihm. Leider war er noch nicht fertig:

„Wo kommen Sie her?"

Einfache Frage! Da brauchte ich keinen Telefonjoker zu bemühen:

„Von unten aus dem Tal!"

Der Alm-Öhi ließ nicht locker: „Nein, aus welchem Land kommen Sie?"

„Aus Deutschland!"

„Sie sehen aber nicht aus wie ein Deutscher!"

„Ich bin in Deutschland geboren, aber meine Eltern sind Türken, ich bin Teuto-Türke, Türko-Germane ... irgendwas dazwischen! Aber ich habe den deutschen Pass, ich trinke deutsches Bier, als Deutschland 2008 Vize-Europameister wurde, habe ich sogar mal gehupt – ich würde schon sagen, ich bin relativ deutsch!"

„Aha – und was wollen Sie hier in der Schweiz?"

Ich bin selbst ein Mensch, der anderen gegenüber erst einmal zurückhaltend auftritt. Aber wenn jemand so direkt zeigt, dass er Angst vor mir hat, dann bediene ich diese Angst sehr gern – ich will schließlich auch meinen Spaß haben! Also hab ich mich ganz nah vor ihn

gestellt und ihm gesagt: „Ich schau mich hier nach Bauland um! Bauland für eine Moschee!"

Gut, es ging bergab, und hinter mir rannte ein Mann mit einer Schrotflinte her, aber trotzdem bin ich stolz auf mich, dass ich für den Abstieg keinen halben Tag gebraucht habe, sondern weniger als fünf Minuten!

Ich bin also immer noch auf der Suche nach dem geeigneten Urlaubsland. Australien ist es nicht, die Schweiz ist es auch nicht, aber auf gar keinen Fall ist es die Türkei! Meine Eltern haben mir das vermiest! Als ich klein war, haben wir ständig Urlaub in der Türkei gemacht.

Immer wenn mein Vater sagte: „Wir machen Urlaub!", habe ich gefragt: „Wo geht's denn hin?"

„Türkei!"

Ein Jahr später: „Wo geht's denn hin?"

„Türkei!"

Die nächsten vier Jahre:

„Türkei!"

„Türkei!"

„Türkei!"

„Türkei!"

Ich dachte damals: Es gibt auf der ganzen Welt nur Deutschland und die Türkei! Und mal ehrlich: Man kann doch nicht jedes Jahr im Urlaub immer nur in die Heimat der Eltern fahren! Gut, wenn mein Papa jetzt am Ballermann oder auf den Malediven geboren worden wäre, wäre das noch was anderes, aber Türkei? Und ich rede hier nicht vom Bodrum, Izmir, Alanya oder Side der Gegenwart – ich rede von einem kleinen, bäuerlichen, ländlichen Kaff, 50 Kilometer östlich von Antakya, vor 25 Jahren! Dagegen ist Bielefeld eine Touristenattraktion!

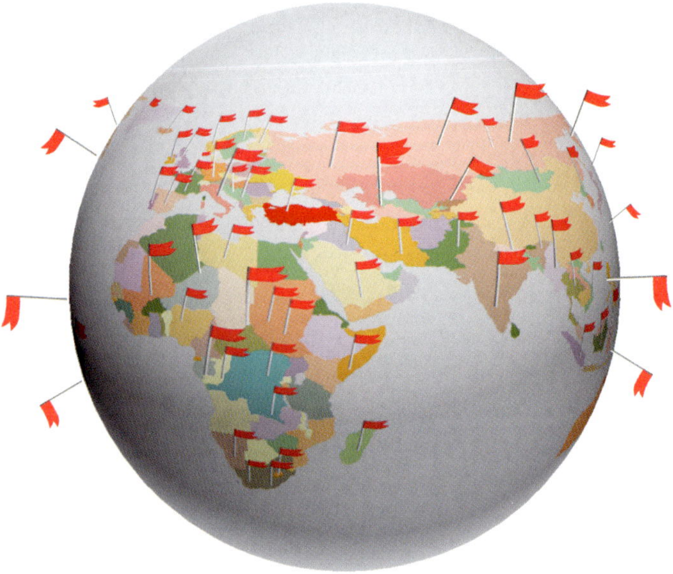

Urlaubsziele der Deutschen

Als ich das erste Mal dort unten war, bin ich gleich traumatisiert worden. Denn dort gab es Kakerlaken! Nicht so kleine, süße, höfliche Küchenschaben mit abgeschlossenem Hochschulstudium wie in Deutschland, sondern fette TURKO-ARABISCHE VOLLZEIT-KAKERLAKEN! Mit Vollbart und Gebetskette!

Und trotzdem fahren alle drei Millionen Türken, die in Deutschland leben, jeden Sommer in die Türkei! Im Sommer ist Deutschland komplett türkenfrei. Dann gibt es in Berlin-Kreuzberg mehr freie Parkplätze als Einwohner. Wer im August versucht, in Deutschland einen frischen Döner zu bekommen, hat keine Chance. Und von türkischen Teestubenbesitzern werden im

Urlaubsziele der Türken

Sommer deutsche Studenten angeheuert, die sich einen Schnurrbart ankleben und den ganzen Tag Karten spielen müssen, damit der Vermieter nicht stutzig wird!

Türken verbringen die Ferien also in der Heimat. Das ist auch das Einfachste, wenn man nur einen türkischen Pass hat. Die Deutschen haben es gut mit ihrem deutschen Reisepass: Der ist international anerkannt! Deutsche brauchen für kaum ein Land ein Visum. Sie können einfach in den Flieger steigen. Ich kenne die andere Seite: Ich hatte früher einen türkischen Ausweis. Ich brauchte für fast jedes Land ein Visum. Ohne Visum kam ich noch nicht mal ins Fantasia-Land!

Also bleibt den Türken nur die Türkei. Und was machen die Deutschen? Die fahren einfach mit! Das finden wir Türken natürlich klasse. Wenn wir schon nicht in die EU kommen, dann kommt der Euro wenigstens zu uns!

Die Deutschen machen natürlich nicht dort Urlaub, wo die turnschuhgroßen Kakerlaken wohnen, sondern schön gediegen an der Südküste: Alanya, Antalya, Fethiye. Und man erkennt sofort, wo die Deutschen sind – und zwar an den Liegestühlen! Wenn es eine Weltmeisterschaft im Liegestuhlbesetzen gäbe, wäre Deutschland Weltmeister! Neun von zehn Liegestühlen sind deutsch! Die Engländer und Holländer haben überhaupt keine Chance. Denn Liegestuhlbesetzen erfordert eine Cleverness, die offensichtlich bei Deutschen mehr ausgeprägt ist als anderswo. Und das ganz unabhängig vom Lebensalter. Selbst steinalte Deutsche, die sonst gar nichts mehr auf die Reihe bekommen, besetzen ihren Liegestuhl! Und das ganz ohne körperliche Gewalt, Korruption oder Schusswaffengebrauch. Sie stehen einfach früher auf als alle anderen: um fünf Uhr morgens! Diese Uhrzeit gibt es in der Türkei gar nicht! In der ganzen Türkei gibt es keinen Hahn, der um die Uhrzeit aufsteht und kräht: „Kükürükü!"

Aber Ingeborg und Herbert stehen so früh auf. Ingeborg und Herbert sind ein deutsches Rentnerehepaar. Antalya, 5.07 Uhr: Die ersten Sonnenstrahlen kämpfen sich über die Horizontlinie, da hört man einen aufgeregten, fast enthusiastischen Aufschrei: „Herbert! Komm mal! Da sind Liegestühle! Herbert!"

„Ingeborg, ich komme!"

Und Herbert kommt. Es dauert, aber er kommt. Als er endlich da ist, fährt Ingeborg fort: „Herbert, guck mal da! Die Liegestühle, die sind alle frei, wir nehmen die zwei!"

Und Herbert markiert das Territorium – mit zwei schwarz-rot-goldenen Handtüchern! Wir ahnen: Wenn Hitler 1939 ein riesengroßes Handtuch gehabt hätte, um es über Polen zu legen, wäre der Krieg vielleicht schon viel früher zu Ende gewesen!

„So, Ingeborg, die sind jetzt unsere! Für immer!"

Wenn die Liegestühle einmal reserviert sind, legen sich Herbert und Ingeborg wieder ins Bett. Um acht Uhr wird gefrühstückt, dann gehen sie in die Stadt, lassen sich Krempel andrehen, den sie nicht brauchen (Backgammonbretter, Teegläser und eine Musikkassette, auf der Osman Dingenskirchen „Nirvana" auf der Sitar spielt) und kommen dann um 15 Uhr erstmals zum Strand, um sich auf ihre beiden freien Liegen zu legen. Das nenne ich clever! Und es funktionierte jahrzehntelang völlig problemlos! Aber seit fünf Jahren kommt ein anderes, genauso cleveres Volk an die türkische Südküste: die Russen!

Das Dumme ist: Die Russen spielen das deutsche Liegestühlebesetzen-Spiel nicht mit! Die *kennen* das gar nicht. Die stehen auch nicht um fünf Uhr auf – die gehen um fünf Uhr ins Bett! Dann stehen sie erst wieder nachmittags auf und torkeln mit erheblichem Restalkohol im Schädel in Richtung Liegestühle.

„Dimitri, schau mal!"

„Was ist, Igor?"

„Was für ein toller Service! Sie haben extra für uns kuschelige Handtücher auf die Liegen getan!"

Dimitri und Igor legen sich also mit ihren wodkaschweren Köpfen auf die beiden Liegestühle und beginnen, kyrillische SMS in ihre goldenen Handys zu hämmern. In dem Moment kommen Ingeborg und Herbert aus der Stadt zurück.

„Herbert guck mal! Die Männer da! Unverschämtheit, das sind unsere Liegestühle, Herbert!!!"

Aber Herbert hört seine Ingeborg nicht mehr. Er ist schon längst auf dem Weg zurück nach Stuttgart! Denn Herbert hatte schon mal mit Russen zu tun – 1944. Das braucht Herbert nicht noch mal!

KAPITEL 13

Nightlife

„Isse tanze so wie Ranjid

Sex hat: sehr selten!"

Francesco

Ich kenne eine Menge Menschen, die jedes Wochenende auf der Piste sind. Sie ziehen bis morgens um fünf durch die Bars, Clubs und Diskotheken, stopfen sich kurz vorm Frühstück noch die letzte Currywurst rein und sind leider viel zu blau, um das Hauptziel der ganzen Aktion noch in die Tat umzusetzen: Sie nehmen ihre Eroberung zwar mit nach Hause, vergessen dann aber vollkommen, mit ihr zu schlafen.

Und es gibt Menschen, die diese Phase schon längst hinter sich haben. Sie sind vernünftig und solide geworden. Sie setzen sich am Samstagabend allein mit einer Tüte Paprikachips vor *Wetten, dass...?* und gehen kurz vor der Wahl des Wettkönigs schlafen. Zu diesen Menschen zähle ich natürlich nicht. Ich mag keine Paprikachips. Ich esse Erdnüsse.

Samstagabend. Was man da alles machen kann: Kino, Disco, Konzert, Clubbesuch - die Möglichkeiten sind vielfältig. Schnee von gestern. Discotheken zum Beispiel sind für mich relativ uninteressant geworden. Abgesehen davon werde ich oft auch gar nicht mehr reingelassen. Letztens wollte ich in meiner Heimatstadt Frankfurt noch mal meine alte Stamm-Disco gehen, aber leider hat der Laden mittlerweile einen Türsteher, den ich nicht kannte. Als mein Kumpel Hakan dort noch als Türsteher arbeitete, hätte er mich sicherlich durchgewinkt, aber der neue Typ musterte mich nur von oben bis unten und sagte dann die fünf magischen Worte: „Du kommst hier ned rein!"

Ich versuchte es trotzdem und sagte betont locker: „Hey, vielleicht hast du mich einfach nicht erkannt. Ich bin's, Kaya Yanar!"

„Isch weiß. Drum kommst ja auch ned rein!"

Tja, man hat es schwer, mit Ende 30 noch in eine

Discothek gelassen zu werden – vor allem, wenn man sich vorher jahrelang im Fernsehen und auf der Bühne über Türsteher lustig gemacht hat! Darum mache ich auch keine Scherze über Religion – ich habe einfach die Sorge, in 70 Jahren vorm Himmelstor zu stehen und zu hören: „Du kommst hier ned rein!"

Als ich noch jünger war, wurde ich nur sehr selten von Türstehern abgewiesen, damals noch mit der klassischen Begründung:

„Guck doch mal, wie du aussiehst!

Schuhe: Arsch!

Hose: Arsch!

Fresse: Arsch!

Arsch: Arsch!"

In Frankfurt am Main gab es schon damals jede Menge Discotheken. In irgendeine kam ich immer rein. Das fand ich natürlich super, weil ich in den Läden einer meiner absoluten Lieblingsbeschäftigungen nachgehen konnte: deutschen Jungs beim Tanzen zusehen. Der Anblick entschädigt für jede Kränkung, die ich je durch Türsteher erfahren habe!

Es gibt natürlich auch Türken, die nicht tanzen können. Ich bin selber ein ganz schlechter Tänzer. Wenn in der Tanzschule Damenwahl war, bin ich als Einziger übrig geblieben. Ich gehe nur mit Sicherheitsschuhen auf die Tanzfläche, weil ich mir immer selbst auf die Füße trete. Wenn ich tanze, dann fängt es sofort an zu regnen.

Auch Frauen sehen hin und wieder auf der Tanzfläche lächerlich aus. Viele Tiere sind ebenfalls keine guten Tänzer, zum Beispiel Pinguine, Walrösser und Aale. Aber die allerschlimmsten Tänzer sind und bleiben deutsche Jungs.

Immer wenn ich deutsche Männer tanzen sehe, frage ich mich: Hören die beim Tanzen auf den Rhythmus oder auf die Worte? Wobei die Bewegungen auf beides nicht passen. Und die Frauen, die das Trauerspiel beobachten, sagen sich: „Wenn der so bumst wie er tanzt, na dann gute Nacht!"

FACT BOX

Das Fußball-Idol Günter Netzer besaß in den 70er Jahren eine eigene Discothek: Von 1971 bis 1973 betrieb er in Mönchengladbach die Discothek „Lovers Lane".

Damals kamen nur die coolsten Typen in den Laden. Gerhard Delling hat er also offensichtlich woanders kennengelernt.

Hin und wieder findet man mich in Discotheken, die keinen Türsteher haben. Da stehe ich dann oberlässig an der Theke, nippe an meinem Cocktail und lasse den Blick schweifen. Ich bin ein ganz normaler Mann: Ich komme nicht zum Tanzen in die Disco. Ich komme wegen der Frauen. Das Problem ist nur: 300 andere Hornochsen denken genau das Gleiche. 300 Männer, die sich für geheimnisvoll und undurchschaubar halten, aber was diese Jungs nicht wissen: Man sieht ihnen ihre Absichten an. Und zwar kilometerweit!

Der typische Checker-Blick ist zum Beispiel alles andere als unauffällig. Der Checker-Blick ist der Blick, mit dem ein Mann die Frauen abcheckt. Da Männer aber nicht zum Multitasking geboren sind, stellen sie im Moment des Abcheckens alle anderen Tätigkeiten ein. Mit Betonung auf „alle"!

Ein Beispiel: Jürgen ist Checker. Er steht in seiner Lieblingsdisco an der Bar, er lacht, quatscht und trinkt mit seinen Kumpels. Plötzlich kommt eine junge Frau vorbei, die Jürgens Beuteschema entspricht: groß, schlank, süß. Jürgen reißt den Kopf herum, wendet seinen Checker-Blick an und friert im Moment der ersten Faszination für immer ein. Er wirkt wie ein im falschen Moment gestopptes Standbild aus einer romantischen Komödie mit Hugh Grant. Der Körper ist leicht nach vorn gebeugt, und Jürgen kann froh sein, dass er nicht noch ein paar Grad weiter nach vorn gebeugt ist, sonst würde er nämlich einfach umfallen!

Das Glas ist noch zum Mund geführt, der Mund steht halb offen, aber der Drink läuft ihm am Hals herab in den Ausschnitt seines T-Shirts. Nach ungefähr zwei Minuten fällt Jürgen dann doch um, denn seine Atmung hat ausgesetzt, und er wird schlicht und ergreifend ohnmächtig. Die Sanitäterin vom Johanniterbund, die ihn mit Mund-zu-Mund-Beatmung wieder ins Leben zurückholt, entspricht nicht mehr so ganz Jürgens Beuteschema: klein, dick, herb. Und die ganze Disco schaut grinsend dabei zu, wie der leichenblasse Jürgen auf den Armen der bärenstarken medizinischen Fachkraft aus dem Tanzlokal getragen wird. Unauffälliges Abchecken geht definitiv anders!

Andere Jungs wenden den sogenannten Terminator-Blick an. Der ist zwar etwas cooler als der Checker-Blick, aber auch nicht weniger auffällig. Alle Welt regt sich über die Nacktscanner bei den Flughafenkontrollen auf, dabei ist Nacktscannen in Discotheken schon seit Jahren ganz normaler Alltag. Zumindest in den Köpfen der Jungs, die den Terminator-Blick draufhaben: Der Terminator-Blick führt dem Betrachter alle relevanten Daten direkt vor das innere Auge. Die Frau kommt vorbei, der Kerl bemerkt sie, und in Sekundenbruchteilen scannt der Terminator-Blick sie von oben bis unten:

Natürlich sind die Frauen nicht doof. Sie bemerken diesen unangenehmen, indiskreten Blick sofort und schauen genauso indiskret zurück:

Ich hoffe, dass meine Blicke nicht ganz so plump sind, und dass nicht die komplette Disco meine Gedanken lesen kann. Ich versuche, die geheime Botschaft meiner Blicke nur derjenigen Adressatin zukommen zu lassen, für die sie bestimmt ist. Ich stehe dann am Rande der Tanzfläche, schaue den Mädels dabei zu, wie sie selig und allein vor sich hin tanzen, und wenn mir eine besonders gut gefällt, dann gucke ich sie so lange an, bis sie mich bemerkt. Das kann schon mal etwas länger dauern, denn ich habe Zeit. Manchmal wird es aber auch mir zu bunt. Ich habe schon junge Frauen angeguckt, die mich so spät bemerkt haben, dass sie mir in der Zwischenzeit zu alt geworden waren!

Die andere Gefahr ist, dass die Auserwählte zwar allein *tanzt*, aber gar nicht allein *ist* – es kann sogar sein, dass ihr türkischer Macker direkt neben mir steht. Und wenn ich Pech habe, ist dieser Macker Bodybuilder, gewaltbereit und einen Kopf größer als ich. Mir ist das einmal passiert. Ich habe mich auf eine wunderschöne Türkin konzentriert, und mir lief das Wasser schon im

Mund zusammen, als ich plötzlich von der Seite angequatscht wurde: „Ey, hast du meine Frau angeguckt? Ich mach dich platt!"

Sofort gingen bei mir die Alarmsirenen an: „Nein! Nein! Um Gottes willen! Ich habe sie nicht angeguckt!"

„Ich habe sie nicht angeguckt" - ein Satz mit einer eindeutigen Botschaft: Du bist stärker als ich. Du bist größer als ich. Ich möchte keinen Konflikt. Ich ziehe mich zurück. Eine Botschaft, die fast jeder auf Anhieb versteht. Nur der Typ in der Disco verstand sie nicht.

„Ey, willst du sagen, meine Frau ist hässlich oder was? Ich mach dich platt!"

Du bist stärker als ich. Du bist größer als ich. Ich möchte keinen Konflikt. Ich ziehe mich zurück. Zweiter Versuch: „Das habe ich nicht gesagt ... ich habe nur gesagt: Ich habe sie nicht *angeguckt*!"

Vielleicht *wollte* er die Botschaft auch gar nicht verstehen.

„Bist du schwul oder was? Ich stecke deinen Arsch in deinen Arsch!"

Mir war klar: Aus der Nummer kam ich nicht mehr raus. Dann aber habe ich mir gesagt: Wenn ich schon verprügelt werden muss, dann soll es sich wenigstens lohnen!

Ich sagte: „Nein, ich bin nicht schwul, aber wenn ich mir deine Freundin genau anschaue, überlege ich mir es noch mal!"

Einmal habe ich in der gleichen Situation eine andere Taktik angewendet und als Ausrede gesagt: „Ja, du hast Recht - ich bin schwul!" Das war ein Fehler, denn der Typ war auch schwul. Die Frau, wegen der er sich mit mir prügeln wollte, war nur seine Schwester ... Ich bin ehrlich: Seitdem lasse ich mich lieber verhauen!

Aber selbst, wenn die Mädels tatsächlich ohne Begleitung in die Disco kommen, ist es nicht mehr so einfach wie früher, sie anzubaggern. Wie herrlich war das noch vor zehn Jahren. Da reichte ein blöder Spruch: „Hallo, schöne Frau!"

Und man bekam zur Antwort: „Quatsch nicht so viel, komm mit!"

Die Zeiten sind vorbei. Um nicht allein nach Hause zu gehen, muss man heutzutage schon viel tiefer in die Trickkiste greifen und feiner, differenzierter arbeiten. Auch wenn mein Kumpel Francesco das nicht wahrhaben will. Er wählt immer noch den direkten Weg und weigert sich anzuerkennen, dass die Frauen von heute taff, schlagfertig und sogar witzig sind. Letztens war ich live dabei, wie er abgeblitzt ist.

Francesco versuchte es mit seiner alten Masche: „Hallo, schöne Signorina, was sagst du zu eine kleine Bums?"

Und die Frau konterte ganz cool: „Ich sage: Geh weg, kleiner Bums!"

Ich fand die Antwort der Frau ehrlich gesagt sehr lustig - aber nur, weil sie es zu Francesco sagte und nicht zu mir. Männer werden schnell zynisch, wenn sie abblitzen. Da bin ich keine Ausnahme. Auch ich habe einmal einer Frau, die mich nicht erhören wollte, die Retourkutsche gegeben: „Du bist hässlich, aber irgendwie faszinierend!"

Manchmal verwende ich eine besondere Strategie, wenn ich in der Disco eine Frau anquatschen will: Ich warte, bis ein anderer Typ sie anquatscht und abblitzt: „Ey, du bist konkret korrekte Mama! Wolle wir tanze?"

„Nein danke!"

„Du hast sowieso fette Arsch!"

Und dann kommt mein großer Moment! Ich ziehe mein Hemd glatt, setze meinen berühmten unwiderstehlichen Dackelblick auf, gehe ganz lässig auf die Frau zu und lege meinen Arm um ihre Schultern: „Hallo, der Typ da eben, das ist ein totales Arschloch!"

„Ich kann ganz gut selbst auf mich aufpassen! Hau ab!"

Gut, es klappt nicht immer. Aber selbst eine Ablehnung kann Spaß machen, wenn man der Kostverächterin am Ende noch einen Tipp gibt: „Okay, akzeptiert. Ich habe trotzdem noch einen Tipp für dich: Wenn noch mal ein Typ ankommt, und du willst ihn loswerden, zeig ihm einfach deinen fetten Arsch!"

FACT BOX

Jahresumsatz der ca. 3.500 Discotheken in Deutschland:

1.000.000.000 Euro

FACT BOX

(Version fürs Finanzamt)
Jahresumsatz der ca. 3.500 Discotheken in Deutschland:

maximal 1.000 Euro

In guten Discotheken gibt es neben schönen Frauen noch zwei weitere Attraktionen: Musik und Licht. Die Beleuchtung in Discotheken fand ich schon als Teenager immer ein bisschen problematisch. Schwarzlicht zum Beispiel ist im Großen und Ganzen eine prima Sache. Aber es macht alles, was weiß ist, extrem strahlend und im ganzen Raum unübersehbar. Bei einem leicht verrutschten, sexy BH-Träger kann das sehr neckisch wirken, und auch die Spur von Kokain auf der Oberlippe eines coolen Typen mag manchen beeindrucken. Aber ich trug weder einen BH, noch hatte ich gekokst – ich hatte einfach nur Schuppen. Ich sah aus wie ein General mit leuchtend violetten Schulterklappen! Ich hatte mehr weiße Flocken als eine Schneekugelsammlung! Wenn ich mich an die Theke stellte, gab mir der Barkeeper einen aus – aber keinen Drink, sondern eine Flasche „Head and Shoulders"!

Also verzog ich mich gern in dunklere Ecken. Dort lernte ich auch schneller Frauen kennen. Auch wenn ich sie kaum erkennen konnte. Bei mir war es schon immer so, dass es einen großen Unterschied gibt zwischen den Frauen, die ich gerne kennenlernen *würde*, und denen, die ich *tatsächlich* kennenlerne. Da tröstet schlechte Sicht hin und wieder über das Gröbste hinweg.

Obwohl es auch schon heftige Missverständnisse gab: Einmal hatte ich den ganzen Abend geglaubt, ich knutsche mit einer tollen Braut, und als zur Sperrstunde das Licht anging, sah ich, dass ich die ganze Zeit den Feuerlöscher abgeleckt hatte!

Auch die Musik in Discotheken macht mir mehr und mehr Schwierigkeiten. Dabei tanze ich auf alles Mögliche: Ich tanze gern zu brasilianischer Musik, ich tanze auch gern zu türkischer Musik, ich tanze einfach auf alles. Gott sei Dank musste ich nicht zur Bundeswehr. Sonst hätte ich sicher selbst zur Marschmusik getanzt, und das ist unangenehm, wenn man der Einzige ist ... Techno und House sind mir persönlich ein bisschen zu hektisch – ich trenne halt gern zwischen Freizeitgestaltung und epileptischem Anfall.

Tanzschritte Kaya

Tanzschritte Hakan

Tanzschritte Francesco

Tanzschritte Ranjid

Aber ansonsten mag ich jede Art von Musik. Das Problem ist also nicht die Auswahl, sondern die Lautstärke. In einer Discothek kann die Musik bis zu 100 Dezibel laut sein. Da kann ich auch eine laufende Kettensäge an mein Ohr halten. Wenn ich aus der Disco nach Hause komme, will ich mich mit einer Frau ins Bett legen, und nicht mit einem Tinnitus!

Ranjids Mutter kennt die Gefahren von zu lauter Musik: Bei seinem allerersten Disco-Besuch musste er deshalb riesige Ohrenschützer anlegen, wie sie sonst nur Bauarbeiter tragen. Das kam natürlich gerade bei den Mädchen nicht besonders gut an. Er flehte seine Mama an, die peinlichen Dinger beim nächsten Mal nicht wieder tragen zu müssen. Aber seine Mutter bliebt hart und sagte: „Dann musst du sie halt verstecken, Ranjid!" Das tat er auch. Seitdem weiß Ranjid, dass die Mädels eins noch alberner finden als Ohrenschützer: nämlich Ohrenschützer mit einer Schalmütze darüber.

FACT BOX

Ein dauerhafter Schallpegel von mehr als 90 Dezibel schädigt das menschliche Innenohr. So kann ein unangenehmes Pfeifen oder Rauschen entstehen: ein sogenannter Tinnitus.

Falsch ist hingegen das Gerücht, Tinnitus sei der Schutzheilige der Hard-Rock-Fans.

Was ich in Discotheken oder Clubs außerdem nicht leiden kann, sind die öffentlichen Toiletten. In der Disco pinkeln zu gehen ist superätzend. Die Frauen haben es gut: Die haben Kabinen, in die sie sich zurückziehen können. Niemand guckt ihnen zu. Zumindest nicht in der Klokabine. Wer in der Kabine einer Seilbahn schon mal die Hosen runtergelassen hat, wird eine andere Erfahrung gemacht haben.

In Männertoiletten hingegen gibt es Pissoirs. Von allen Seiten gut einsehbare Pissoirs. Da macht die Bezeichnung „öffentliche Toiletten" endlich einmal Sinn. Gut, es gibt auch bei den Jungs Kabinen, aber egal, wie groß der Club ist, es sind nie mehr als zwei: eine defekt und eine besetzt!

Also bin ich hin und wieder gezwungen, Pissoirs zu benutzen. Was mich dabei stört, sind die Blicke meiner Nebenleute. Männer geben es nicht zu, aber die gucken. Alle! Sie sind neugierig, wie der andere untenrum gebaut ist. Ich muss in der Hinsicht Vergleiche mit anderen nun wirklich nicht scheuen! Trotzdem habe ich folgende Horrorvorstellung: Ich stehe mit 14 anderen Männern vorm Pissoir in der Reihe. Plötzlich pfeift mein Nebenmann anerkennend durch die Zähne, und die zwölf anderen stürmen auf mich zu, um auch mal zu gucken. Einfach peinlich!

Um neugierige Blicke zu verhindern, stelle ich mich, wenn es eben geht, immer an das letzte Pissoir. Dann bin auf der einen Seite schon mal vor Blicken sicher, weil nur noch *ein* Spanner neben mir Platz hat. Und trotzdem fühle ich mich total beklommen. Es kommt übrigens auch nichts raus, wenn ich das Gefühl habe, jemand schaut mir zu. Allein das plätschernde Geräusch wäre mir peinlich. Darum konzentriere ich mich,

starre stoisch die Wand an und warte, bis mein Nachbar abrauscht. Was er natürlich nicht tut, weil es ihm genauso geht.

Nach zehn Minuten fange ich mit Entspannungstechniken an: Ich denke an einen Springbrunnen, an einen Rasensprenger, an die Niagarafälle ... und wenn dann endlich was kommt und ein leises Plätschergeräusch den Raum erfüllt, bin ich unheimlich erleichtert. Peinlich ist mir das Geräusch natürlich trotzdem. Ich greife dann zu irgendeiner blöden Ausrede und sage Dinge wie: „So ein Mist, jetzt fängt es an zu schütten, und ich hab keinen Schirm dabei!"

Am schlimmsten ist es, wenn Türken neben mir stehen. Türken stehen nie *vor* dem Pissoir, sondern mitten*drin*. Und sie schauen auch nie nach unten auf ihr Ding, sondern ihrem Nebenmann immer direkt in die Augen.

Wer zuerst klimpert hat verloren. Ich halte diesen Blicken meistens sehr lange stand. Aber irgendwann – manchmal nach zwei Minuten, manchmal erst nach einer Stunde – schweift mein Blick versehentlich nach unten, und sofort höre ich von der Seite: „Was guckst du?“

FACT BOX

Der französische Künstler Marcel Duchamp signierte 1917 ein handelsübliches Pissoir-Becken und erklärte es so zum Kunstwerk.

Das ironische Genie Duchamp hat sich damals über die öffentliche Empörung natürlich vor Lachen bepisst!

Ich bin froh, dass ich die Disco-Abende meiner Jugend in einer Stadt wie Frankfurt verbringen konnte. Meine Eltern hätten ja auch aufs Land ziehen können. Sind sie aber Gott sei Dank nicht. Sicherlich sind einige Dinge in meiner Jugend nicht optimal gelaufen, aber auf dem Land wäre alles viel schrecklicher gewesen. Land-Discos sind hart, sie sind die gerechte Strafe Gottes dafür, dass Landbewohner keinen Parkausweis brauchen.

In Land-Discos müssen die Jugendlichen heute noch auf Lieder wie „Where the streets have no name“ oder „Live is life“ tanzen, weil seit 1982 niemand mehr in der Stadt war, um eine neue Platte zu kaufen. Die Jungs trinken dort allen Ernstes noch Batida de Coco, und mit den meisten Mädchen, die man anbaggert, ist man direkt verwandt. Aber was das Schlimmste ist: Weil man mitten in der Nacht noch mit dem Auto die 34 Kilometer zurück ins Dorf muss, darf einer aus der Clique nichts trinken. Wer jemals nüchtern in einer Dorf-Disco war, der weiß, was das bedeutet!

Da hatten wir Stadt-Kids es wesentlich besser. Wenn ich mit meinen besten Kumpels Hakan, Ranjid und Francesco unterwegs war, dann konnten wir alle reinhauen, wie wir wollten, denn für den Rückweg boten sich gleich drei verschiedene Verkehrsmittel an: Fahrrad, Bahn und Taxi.

Ranjid meint:

„Ich fahre am liebsten mit dem Fahrrad. Aber nur wenn meine Kuh Benytha zu Hause bleibt. Denn sonst gerät sie immer mit ihrem Euter in die Speichen!“

Francesco meint:

„An der Straße-Bahn finde isse gut, dass viele Signoras mitfahre. Wenn eine besonders schöne Signora kommt, dann biete isse ihr eine Sitzplatz an – an meine Frühstückstisch! Hehe!“

Hakan meint:

„Letztens hat eine Scheiß Taxifahrer mich verarschen wollen und ist krasse Umweg gefahre. Da hab ich ihm seine Taxi konkret tiefergelegt – ich hab einfach alle vier Reife plattgemacht!"

Für Männer, die Frauen suchen und die in Discos nicht fündig werden, gibt es in Frankfurt eine ganze Reihe von mehr oder weniger reizvollen Alternativen. Wie jede Messestadt hat auch Frankfurt in der Nähe des Hauptbahnhofs ein großes und höchst lebendiges Rotlichtviertel. Für einen jungen Mann in der Pubertät hat so ein Viertel natürlich eine besonders magische Anziehungskraft. Hin und wieder bin ich als 16- oder 17-Jähriger durch die entsprechenden Straßen geschlichen, den Blick starr nach vorn gerichtet, und habe versucht, aus dem Augenwinkel die eine oder andere Bordsteinschönheit zu betrachten. Aber natürlich galt für mich das gleiche Motto wie damals vor dem Kaufhof-Weihnachtsschaufenster mit der großen, motorbetriebenen Steiff-Tier-Wunder-Winter-Welt: Nur gucken, nicht anfassen!

Ein paar Jahre später habe ich mich tatsächlich einmal in ein Bordell getraut: Ich war im „Kontakthof" in Frankfurt. Einmal. Und nie wieder! Ich war mit ein paar Kumpels unterwegs gewesen. Wir hatten irgendetwas zu feiern, hatten im Casino 400 Mark gewonnen und sagten uns tollkühn: Die Kohle hauen wir im Puff auf den Kopf! So bin ich in den „Kontakthof" gekommen.

Das Bordell war sehr klug organisiert: Auf der ersten Etage waren die Polinnen, und dann kamen auf der nächsten Etage die deutschen Frauen. Im nächsten Stockwerk waren die anderen Europäerinnen untergebracht, die Asiatinnen hatten eine Etage für sich, und ganz oben gab es die „Black Mambas", dicke schwarze Frauen, die mir einen Heidenrespekt einflößten. Sie sahen aus, als könnten sie mit einer Hand ein Klavier tragen, aber Sex habe ich dann doch lieber mit Frauen, die mich nach dem Geschlechtsakt nicht sofort zerquetschen.

Das Clevere war, dass man als Gast an allen Zimmern vorbeimusste. Es ging immer so:

Gang, Frauen, Frauen, Frauen, Frauen, Frauen, Frauen, Frauen, Treppe.

Gang, Frauen, Frauen, Frauen, Frauen, Frauen, Frauen, Frauen, Treppe.

Gang, Frauen, Frauen, Frauen, Frauen, Frauen, Frauen, Frauen, Treppe.

Es gab keine Abkürzungen, keine Alternativrouten, keine Ausstiegsmöglichkeiten. Und als ich oben angekommen war, stellte ich erschrocken fest, dass ich nicht einfach wieder runterkam: Es war eine Sackgasse. Ich musste den gleichen Weg wieder zurückgehen:

Treppe, Frauen, Frauen, Frauen, Frauen, Frauen, Frauen, Frauen, Gang.

Treppe, Frauen, Frauen, Frauen, Frauen, Frauen, Frauen, Frauen, Gang.

Treppe, Frauen, Frauen, Frauen, Frauen, Frauen, Frauen, Frauen, Gang.

Das ist wie eine Falle, in die man reinläuft und alleine nicht wieder rauskommt. Ob ich wollte oder nicht: Ich musste an allen Frauen zweimal vorbei! Das ist der alte Ikea-Trick: Man will eigentlich nur einen Sack Teelichter kaufen und geht raus mit einer Einbauküche, neuen Vorhängen und einem Hochbett!

Bei mir hat der Trick allerdings nicht funktioniert. Ich habe mich nicht getraut. Ich konnte es nicht. Ehrlich. Ich schwöre es: Ich konnte es damals nicht, und ich kann es heute immer noch nicht. Ich habe noch nie dafür bezahlt. Und während meine Kumpels mit offe-

FACT BOX

Das Etablissement „One two two" war in den 20er bis 40er Jahren des 20. Jahrhunderts eines der berühmtesten Bordelle in Paris. Besonders fantasievoll waren die Themenzimmer gestaltet: Die Kunden konnten in einem Iglu-Zimmer Spaß haben, auf einem nachgebauten Schiffsdeck oder in einer Original-Gondel aus Venedig. Richtig aufwendig war auch das Zimmer gestaltet, das den Schlafwagen des „Orient Express" nachbildete – inklusive vorbeirauschender Landschaften und Zuggeräusche!

Im Gegensatz zur deutschen Bahn-Realität des 21. Jahrhundert wird damals garantiert kein Fahrgast „zu spät gekommen" sein!

nen Hosen und zwei, drei Mädels in den Zimmern verschwanden, stand ich noch auf dem Gang: komplett angezogen, in Krawatte und Anzug und mit einem tierisch unguten Gefühl im Bauch!

Es waren nicht die Frauen, die mich beunruhigten, sie versuchten ja nur, ihren Job so gut wie möglich zu machen. Es waren die Typen, die mir Angst machten: deutsche, notgeile Familienväter, auf deren Autoheckscheiben „Laura an Bord" klebte; hormonüberfütterte Italiener, die bei jeder Frau wie eine Schlange züngelten und sabbernd fragten: „Quanto costa?"; türkische Halbstarke, die versuchten, mit den Damen wie auf einem Basar zu handeln: „Passt du auf: Machen wir zehn Euro billiger, dafür gebe ich dir eine Tüte Pistazien umsonst dazu, und beim nächsten Mal meine besten Kumpels mit!"

Darum kann ich im Puff keinen Spaß haben. Es ist nicht wegen der Frauen. Es ist wegen der Typen, die da rumlaufen. Die törnen mich total ab. Ich bin keiner von denen, ich brauche das nicht. Die einzige Frau, der ich Geld bezahle, ist die Politesse, die mich immer beim Falschparken erwischt. Es gibt Dinge, die sind für mich so natürlich, selbstverständlich und existenziell, dass ich mir geschworen habe, niemals dafür zu bezahlen: Sex, Atmen und Hotelbademäntel.

Sex hat für mich auch mit Romantik zu tun. Wenn mir eine Frau gefällt, möchte ich sie nicht mit 100 Euro überzeugen, sondern ich werbe ganz altmodisch um sie. Ich lade sie zum Essen ein, reserviere für uns Theaterkarten, oder ich gehe mit ihr am Mainufer spazieren und erkläre ihr die Sternbilder: „Guck mal, Süße: der Stern da oben, der ganz besonders hell funkelt – den habe ich nach dir benannt ... wie heißt du überhaupt?"

Einmal war ich in eine Germanistin verliebt. Ich dachte mir: „Germanistinnen lesen gern." Also habe ich in einem seitenlangen romantischen Liebesbrief meinen Herzenswunsch formuliert, den Umschlag mit Parfüm eingesprüht und ihn dann von einer weißen Taube direkt auf den Balkon der Angebeteten bringen lassen. Sie lehnte leider ab. Als ich sie fragte, warum, antwortete sie nur schnippisch: „›Fellatio‹ schreibt man mit *zwei* ›L‹, du Vollidiot!"

Früher bin ich auch gern mit Mädels ins Kino gegangen. Die Chancen auf Körperkontakt stehen dort nicht schlecht: Es ist dunkel, man sitzt in bequemen, tiefen Polsterstühlen, und niemand schaut einem auf die Finger. Ich habe schon öfter mit Erfolg meine Hand auf dem Knie meiner Begleitung positioniert, während vorne auf der Leinwand Indiana Jones gerade die Welt rettete. Auf die Idee hatte mich mein Kumpel Francesco gebracht, der vielleicht weltbeste Kino-Lover überhaupt. Aber auch er ist nicht perfekt:

Francesco meint:

„Isse war mit eine schöne Signorina in Kino und wollte ein bissche fummele. Aber was isse hatte vergesse: Meine Freundin saß links von mir – und nicht rechts. Als isse die viele Haare auf dem Knie bemerkte, war es zu spät – und schon kriegte isse von de Typ seine komplette Popcorn-Tüte mitte in meine Gesicht!"

Ich persönlich habe den Spaß am Kino mittlerweile etwas verloren. Ich schaue mir lieber in aller Ruhe zu Hause DVDs an. Natürlich wirken Filme im Kino imposanter – aber nur, wenn sich der Rest der Zuschauer genauso rücksichtsvoll benimmt wie es sein sollte. Und das ist leider nie der Fall. Früher wurde ich nur von zu spät kommenden Kinobesuchern, knisternden Tüten oder rhythmisch wackelnden Sitzreihen gestört. Das letzte Mal habe ich mir im Kino Quentin Tarantinos *Inglourious Basterds* angeschaut.

In der Reihe vor mir saß ein junger Türke. Sein Handy klingelte, und der Typ war sich nicht zu blöd, mitten im Film zu telefonieren, und das in voller Lautstärke: „Ja? – Ah, hallo, Murat! Alter, was geht? – Nö, du störst konkret gar nicht. – Was? Irgend so ein Film mit de schwule Til Schweiger! – Nein, nicht de Zweiohr-Katze oder de Dreiloch-Stute oder wie der heißt, sondern de andere – der mit de Bad Pritt ...“

Ich tippte ihm auf die Schulter und sagte leise: „Ähm, sorry, aber du bist hier in einem Kino, und ...“

Der Typ drehte sich um und blaffte mich an: „Ey, du Arschloch, was störst du? Siehst du nicht, dass ich telefoniere?“

FACT BOX

Mobiltelefone in Deutschland:

ca. 102.000.000

Damit betreibt jeder Deutsche im Schnitt 1,3 Mobiltelefone.

Vertelefonierte Handyminuten pro Jahr:

150.000.000.000

SMSen pro Jahr:

30.000.000.000

davon
28.000.000.000: „ILD“
1.998.000.000: „HDGDL“
1.999.900: „Bin gleich da“
100: mit relevantem Inhalt

Seitdem bin ich Gold-Mitglied in meiner Stamm-Videothek!

Es ist nicht so, dass ich überhaupt nicht mehr gern ausgehe. Aber bestimmte Sachen machen mir einfach keinen Spaß mehr. Zum Beispiel habe ich keine Lust mehr, am Samstagabend stundenlang vorm Kleiderschrank zu stehen und zu überlegen, was ich anziehen soll. Viele Frauen kennen das. Sie wollen ausgehen, kommen aber nicht weg, weil sie sich nicht entscheiden können, was sie anziehen:

Das Cocktailkleid?
Der schwarze Minirock?
Oder doch der Jeans-Minirock?
Oder die Leinenhose?
Oder einfach eine Jeans?
Oben eng, unten weit?
Oder unten eng, oben weit?
Das schwarze T-Shirt?
Das blaue T-Shirt?
Das rote T-Shirt?
Oben ohne?

Die ersten zwei Stunden sind rum, aber die schwierigste Etappe haben wir noch vor uns:

Die schwarzen High Heels?
Oder die roten?
Oder die anderen roten?
Oder die anderen, anderen roten?
Stiefel?
Stiefeletten?
Sandalen?
Barfuß?
Skier?

FACT BOX

After-Work-Party:

werktägliches geselliges Zusammentreffen Berufstätiger am frühen Abend.

Vorteil: Man ist früh zu Hause.
Nachteil: Man ist früh zu Hause.

LAN-Party:

Partybesucher schließen ihre Computer zusammen und spielen über das Netzwerk Computerspiele.

Vorteil: Es bleibt unverbindlich und virtuell.
Nachteil: Die Frau, die dich nach der Party trotzdem mit nach Hause nimmt, nennt dem Taxifahrer als Adresse: www.silke.de

Tupper-Party:

Frauen zeigen sich gegenseitig ihre Dosen.

Vorteil: Die Lebensmittel bleiben länger frisch.
Nachteil: Keine Männer zugelassen.

Single-Party:

Veranstaltung, bei der die Gäste ungebunden und auf der Jagd sind.

Vorteil: Alle Gäste sind solo.
Nachteil: Bei den meisten sieht man sofort, warum sie noch solo sind.

Und nach acht Stunden ist sie dann endlich ausgehfertig: Pettycoat, Werder-Bremen-Trikot, Rollschuhe. Leider ist bis dahin die Party vorbei.

Früher war ich auch so, aber seit ich mein Ausgehverhalten umgestellt habe, brauche ich keine acht Stunden mehr, bis ich mich entschieden habe, was ich anziehe, sondern nur noch zwei Stunden. Ich muss mir ja auch nur noch eine Frage stellen: Die graue Kapuzenjacke oder die schwarze?

Mittlerweile suche ich mir an Samstagabenden immer öfter privatere Veranstaltungen aus: Ich lade Freunde zu mir nach Hause ein. Ich gehe mit guten Freunden in ein schönes Restaurant essen. Oder ich gehe auf private Partys, auf denen ich die meisten Menschen kenne. Denen ist es egal, was ich anhabe, wie ich tanze und wer ich bin. Bei privaten Partys finde ich gut, dass ich einfach nur Kaya sein kann und nicht ständig Autogramme geben muss. Letztens sprach mich ein Typ auf einer Privatparty an und sagte: „Ich habe dich schon mal gesehen, das ist schon eine Zeit lang her – aber es war zum Brüllen komisch! Ich habe noch nie so gelacht! Wo war das noch mal ...?"

Ich gebe zu, ich war ein bisschen geschmeichelt: „Ah, danke! Tja, wo kann das gewesen sein? *Wetten, dass* ...? Fernsehpreis? RTL, SAT 1, ARD, ZDF? Westfalenhalle? Porsche-Arena? Oscar-Verleihung?"

„Nee, jetzt weiß ich's wieder – das war im Puff in Frankfurt!"

KAPITEL 14

Sex

„Isse weiß genau, wann eine Signora eine Orgasmus hat – leider bin isse dann meistens schon wieder auf dem Weg nach Hause ...!"

Francesco

Brot.
Krieg.
Bier.
Das sind deutsche Themen. Aber *Sex*?

Auf den ersten Blick ist Sex kein besonders deutsches Thema, und die Statistiken scheinen diesen Eindruck zu bestätigen: Die Deutschen liegen bei allen Sexumfragen hinten. Die Griechen sind Spitzenreiter, sie haben am häufigsten Sex: Der durchschnittliche Hellene kommt auf 164 Geschlechtsakte im Jahr – böse Zungen behaupten sogar, dass die Zahl noch viel höher wäre, wenn man die Schafe mitzählt!

Polen und Russen liegen mit 143 Geschlechtsakten im Jahr ebenfalls gut im Rennen – die Zwangsprostitution macht es möglich!

Auf den weiteren Plätzen: Schweden, England, Schweiz, Albanien, Spanien und die Niederlande!

Noch vor Deutschland kommt der Vatikan.

Dann kommt Legoland.

Dann kommt erst mal lange gar nichts.

Dann kommt noch mal lange gar nichts.

Und dann kommt Deutschland.

Nur 117 Mal pro Jahr haben die Deutschen Sex. Inklusive Betriebsfesten! Oder anders gesagt: 248 Mal haben sie *keinen* Sex! Vielleicht hätte ich meinen türkischen Pass doch nicht abgeben sollen. So bin ich leider Teil dieser Statistik.

35 Minuten dauert der deutsche Akt im Schnitt. Inklusive Vorspiel. Ohne Vorspiel sogar nur 17 Minuten. In der Halbzeit eines Länderspiels schafft es der eine oder andere sogar bis zum Wiederanpfiff. Viele deutsche Männer sagen sich: „17 Minuten? Da lohnt es sich ja kaum, die Socken auszuziehen!" Was zwar stimmt, es aber auch nicht unbedingt romantischer macht.

FACT BOX

Längster je gemessener Geschlechtsverkehr:

22 Stunden, 57 Minuten (bei Klapperschlangen)

Kürzester je gemessener Geschlechtsverkehr:

11 Sekunden

(bei Boris Becker und Anna Ermakova, inklusive Kennenlernphase, Vorspiel und Telefonnummern austauschen)

Rekordhalter im Lange-Liebe-Machen ist übrigens Nigeria: Der durchschnittliche Liebesakt dauert dort 24 Minuten – netto!

117 mal 17 Minuten – das macht insgesamt 33 Stunden Sex im Jahr. Wenn man sich also ranhält, kann am 2. Januar morgens um 9 schon alles erledigt sein! 117, 17, 33 ... Das sind alles keine Zahlen, die Mut machen, und doch: Für mich ist Deutschland das Sexland Nummer 1!

Was sicherlich daran liegt, dass ich meine Pubertät in Deutschland verbracht habe. Mit zwölf oder dreizehn Jahren spürte ich erstmals eine neue Sehnsucht! Ich wusste damals zwar nicht, wonach ich mich genau sehnte. Ich wusste nur: Es ist nicht von Lego und hat auch nichts mit *Star Wars* zu tun.

Damals hat es mir sehr geholfen, in Deutschland zu leben und nicht in Antakya. Denn schon bald erkannte ich, wonach ich mich sehnte: Ich sah es auf den Liegewiesen der deutschen Freibäder, in den Auslagen der deutschen Zeitschriftenläden und im Nachtprogramm der deutschen Privatsender. Wie anders hätte ich mich in der Heimat meiner Eltern entwickelt – dort, wo sich „oben ohne" nicht auf Bikini-Tops, sondern auf Kopftücher bezieht!

Die Pubertät war eine spannende Zeit. Nicht nur für mich, sondern auch für meine besten Kumpels Hakan, Ranjid und Francesco. Wir haben uns über all die merkwürdigen Dinge, die in unseren Köpfen und Körpern vorgingen, regelmäßig ausgetauscht. Ich weiß es noch genau: Wir saßen in einem Eiscafé und schauten heimlich den Mädchen nach, als Francesco das Thema anschnitt: „Amici, als isse heute Morge wach wurde, fand isse etwas Langes, Hartes unter meiner Bettdecke ..."

Endlich! Darauf hatte ich so lange gewartet! Es war für mich enorm befreiend, dass ich nicht der Einzige mit diesen Problemen war! Ich plauderte sofort los: „Genau wie bei mir! Ich muss nur an die Gaby aus der Parallelklasse denken, und schon wird das Ding knochenhart! Und total heiß! Hast du auch schon dran gerieben, Francesco?"

„Si!"

„Und? Was ist bei dir passiert?"

„Nix! Was soll schon passieren, wenn man an eine Taschelampe reibt?"

Gott, war das peinlich! Noch nie hatte ich Hakan und Ranjid so lachen sehen! Ich war wohl *doch* der Einzige mit diesen Problemen! Noch! Denn ein paar Wochen später waren meine Kumpels auch so weit. Von nun an tauschten wir uns über das Mysterium Sex aus!

Hakan war von uns vieren der Erste, der sich mit einem Mädchen traf. Als er das erste Mal bei ihr zu Hause war, warteten Ranjid, Francesco und ich unten vor der Haustür. Als Hakan dann Stunden später aus der Haustür kam, löcherten wir ihn sofort: „Und, Hakan? Wie ist es gelaufen?"

Hakan war nicht besonders gut gelaunt: „Was soll die scheiße Frage? Ist konkret nix gelaufe!"

„Aber warum denn nicht? Sie war doch total scharf auf dich!"

„Na und? Ist trotzdem nix gelaufe!"

„Versteh ich nicht – wollte sie etwa nicht?"

„Doch! Aber sie kam mit krasse Handschelle an und hat misch konkret auf de Arsch gehaue ..."

„Na und?"

„Da hab isch zurückgehaue!"

Hakan meint:

„Die konkret krasseste Überraschung in meiner Pubertät? Dass eine flotte Dreier nicht unbedingt von BMW sein muss!"

Auch Ranjid tat sich beim ersten Rendezvous schwer. Er saß mit seiner Angebeteten in einem Café und kicherte die ganze Zeit nervös. Eigentlich hatte Ranjid alles richtig gemacht: Er war frisch geduscht, er trug seinen schönsten Pullunder – ja, er hatte sogar Benytha zu Hause gelassen! Doch in dem Moment, als er sich zur Dame seines Herzens hinüberbeugte und sie zum ersten Mal küssen wollte, kam der Rosenverkäufer und fragte: „Wolle Rose kaufe?" Ranjid ließ sofort von dem Mädchen ab und fragte mit hochrotem Kopf: „Was machst du denn hier, Papa?"

Francesco spricht nicht gern von „Pubertät", er nennt diese Jahre lieber „Ausbildung". In jenen Jahren des Erwachsenwerdens hat Francesco all das gelernt, was ihn heute ausmacht. Doch in Liebesdingen machte ihm damals schon so schnell keiner was vor. Beim Sex ließ er sogar immer das Licht an – er hatte Angst allein im Dunkeln!

Was Pubertierende lesen:

Francesco

Hakan

Ranjid

Neben dem plötzlichen Interesse an Mädels verband uns vier noch etwas: Wir entdeckten unseren eigenen Körper. Wir erforschten alles, was sich an uns veränderte. Wir versuchten, die Prozesse, die in uns stattfanden, zu begreifen. So habe ich das zumindest empfunden.

Viele Frauen würden einfach sagen: „Die vier waren von morgens bis abends am Sackchecken!" Noch heute werde ich oft von Frauen darauf angesprochen: „Kaya, warum greift ihr jungen Türken euch eigentlich immer in den Schritt? Ist das soooo toll?"

Mit „toll" oder „nicht toll" hat das nichts zu tun. Und mit jungen Türken auch nicht. Sackchecken machen alle Männer. Ob sie es zugeben oder nicht. Alle machen das. Wir müssen das machen. Wir sind Männer. Frauen verstehen das nicht. Man muss einen Sack haben, um das zu verstehen. Ich versuche trotzdem, es zu erklären:

Also es gibt verschiedene Altersstufen, in denen der Sack gecheckt wird. In der Pubertät fängt es an – der Sack ist neu, beziehungsweise das Interesse daran ist neu. Es ist wie mit einer neuen Playstation: Am Anfang wird jede freie Minute gedaddelt! Darum sieht man so viele Jugendliche, die Sackchecken machen.

Weiter geht es mit Mitte 20. Der Sack gehört mittlerweile dazu. Kaum ein 25-jähriger Mann möchte sich ein Leben ohne Sack vorstellen. Man hat schon viel Spaß mit dem Säckchen gehabt und checkt regelmäßig: Ist es noch da? Oder muss ich mir ein anderes Hobby suchen?

Und dann kommt das Alter, in dem ich jetzt bin: Mitte 30. Da wird der Sack so langsam vom Freund zum Gegner! Er wird zur Last! Frauen haben es besser: Sie stehen morgens auf, gehen duschen, und dann ziehen sie sich einen Slip an (oder auch nicht ... hehe ...). Dann sind sie den ganzen Tag unterwegs. Gehen - sitzen - gehen - sitzen. Sie kommen abends wieder nach Hause, ziehen den Slip aus und - nichts! Keine körperlichen Blessuren, keine Quetschungen, kein Schmerz - alles fit im Schritt!

Bei uns Männern ist das anders. Uns stehen, grob gesagt, drei verschiedene Typen von Unterwäsche zur Verfügung:

TYP 1: der Tanga. Den trägt hoffentlich kein Mann mehr. Was einer jungen, knackigen, durchtrainierten Brasilianerin gut steht, muss an Willi Koslowski aus Köln-Porz nicht auch sexy aussehen! Denn wenn das so wäre, würden weniger Männer Bier trinkend am Kiosk stehen und stattdessen mit Federpuschel am Hintern auf Weihnachtsfeiern tanzen! Wer als Mann heute noch Tanga trägt, riskiert empfindliche Abzüge in der B-Note!

TYP 2: der Slip. Der VW Golf unter den Unterhosen. Der Standard. Auch ich trug eine Zeit lang Slips. Es war furchtbar: Ich stand morgens auf, ging duschen und zog den Slip an. Dann war ich den ganzen Tag unterwegs. Gehen - sitzen - gehen - sitzen. Ich kam abends wieder nach Hause, zog den Slip aus und - untenrum sah es aus, als hätte jemand versucht, einen Nacktmull und zwei Kiwis in ein Brillenetui zu quetschen. Ein Fall für Amnesty International. „Freedom for Kayas Sack!"

TYP 3: die Boxershorts. Die Lieblingsunterhose aller Männer, die nicht gern leiden. Da hat der Sack Platz. Das Problem ist nur: Er hat zu viel Platz! Und den nutzt er! Es kann passieren, dass der Mann schon im Aufzug steht, und der Sack ist noch draußen! Man weiß nie, wo er sich gerade aufhält! Und ob er überhaupt noch da ist!

Darum, liebe Frauen, machen wir Männer Sackchecken! Und das macht keinen Spaß! Entweder tut alles weh, oder wir greifen uns ständig in den Schritt und werden blöd angeguckt. Also jammert uns bloß nicht weiter die Ohren voll mit euren dusseligen Menstruationsbeschwerden!

Hakan, Francesco, Ranjid und ich sind überzeugte Sackchecker. Und wir sind bis zum heutigen Tag die besten Freunde. Aber natürlich gibt es auch Krisen zwischen Freunden – Situationen, in denen eine Freundschaft auf eine harte Probe gestellt wird. So eine Krise kann verschiedene Gründe haben. Zum Beispiel, wenn der beste Freund einem die Freundin ausspannt. Eine ganz schwierige Situation. Was ist wichtiger: der beste Freund oder die Freundin? Die Frage war für uns vier leicht beantwortet, denn wir hatten keine Freundinnen!

Wir mussten uns unsere Krisen selber machen. Wir haben uns gegenseitig Streiche gespielt. Es fing ganz harmlos an: Francesco hat Hakan Zahnpasta unter die Türklinke geschmiert, ich habe Ranjids Kuh Benytha mit dem Feuerzeug einen Kuhfurz angezündet, und Ranjid hat mir Currypulver in die Pickelcreme gemischt.

Wir haben uns aber immer versöhnt, und danach waren wir noch bessere Freunde als vorher. Nur einmal haben wir es ein bisschen übertrieben – und Francesco ist uns heute noch ein bisschen böse: Wir waren in der achten Klasse auf Klassenfahrt in einer Jugendherberge. Nach einer Woche entschied sich Francesco zu duschen. Als Erster von uns. Den anderen hätte eine Dusche auch gutgetan, aber so ist das halt in der Pubertät: 13-jährige Jungs duschen nicht gern (außer in der Fantasie, dann aber in der Gemeinschaftsdusche eines Mädcheninternats). Francesco aber sagte todesmutig: „Isse gehe dusche!"

Das tat er auch – im Waschraum legte er seine Brille und alle Klamotten ab und stellte sich unter das Wasser. Hakan, Ranjid und ich flitzten hinterher, klauten ihm heimlich Kleidung und Brille und hauten ab. Wir waren damals schon so richtige Witzbolde! Herrlich!

Zehn Minuten später stand Francesco im Gemeinschaftsraum der Jugendherberge, splitternackt, blind wie ein Maulwurf, und rief mit hochrotem Kopf: „Wo sind die Ärsche? Ich will sofort die Ärsche vor mir sehen!" Francesco sah zwar nichts, aber er *wurde* gesehen, nämlich von mindestens 80 Schülern, sieben Lehrern und einem Herbergsvater – nackt und nach Ärschen suchend! Und alle waren sich einig: „Der arme Kerl ... so jung – und schon so schwul!"

Natürlich war das ein Missverständnis! Francesco steht genauso wenig auf Männer, wie Frauen auf Francesco stehen! Und auch Hakan, Ranjid und ich sind definitiv heterosexuell. Aber es gab einmal einen Zeitpunkt in meinem Leben, an dem ich mir sagte: „Wenn es mit den Frauen schon nicht klappt, vielleicht klappt es ja mit den Männern?" Für pubertierende Jungs ist dieser Gedanke ganz normal, oder? Bitte sagt mir, dass der Gedanke ganz normal ist! Das geht allen so, stimmt's? Bitte! Lasst mich nicht allein!

Auf jeden Fall hatte ich diese Gedanken, und ich konnte mir das eine oder andere auch sehr gut vorstellen: Händchen halten, Augencreme benutzen, *Titanic* gucken – warum nicht? Aber an einer Vorstellung bin ich hängen geblieben, ich konnte mir beim besten Willen nicht vorstellen, sie Wirklichkeit werden zu lassen. Als ich das feststellte, wusste ich: Ich bin nicht schwul! Denn ich kann es mir in meinen kühnsten Fantasien einfach nicht vorstellen, auf ABBA zu tanzen!

Also doch Mädels! Ein Punkt, in dem wir vier Kumpels uns, wie gesagt, einig waren. Wir waren 14, 15 Jahre alt, und wir alle wollten unbedingt eine feste Freundin haben. Trotz Neurosen, Pickeln, Brillen und Komplexen glaubten wir fest daran, dass wir das schaffen könnten! Wir wollten endlich ein weibliches Wesen in den Armen halten! Also starteten wir einen Wettbewerb: Wer hat als Erster eine Freundin?

Ich habe diesen Wettbewerb verloren. Haushoch. Selbst als Ranjid sich schon von der dritten Freundin getrennt hatte, war ich noch auf der Suche nach der Ersten. Und das lag nicht daran, dass ich so anspruchsvoll war. Ich hätte jede genommen! Vollkommen egal, wie sie aussah! Hauptsache, sie hatte keinen Vollbart! Aber ich kann ums Verrecken keine Frauen anbaggern. Ich kann einfach nicht diese Sülze labern. Ich kann das bis heute nicht. Letztens saß ich in einem Café, und vor dem Laden stieg eine sexy Blondine aus dem Auto. Ein Türke ging auf sie zu und sprach sie an: „Ich habe grad geseh'n, wie du aus dem Auto kamst. Es war wie Fee in Zauberwald. Ich war echt ... ich hab geseh'n: Die Sonne hat geschienen in deine Augen zurück in meine Kopf!"

Ich übersetze das mal kurz. Der Kollege meinte eigentlich: „Bumsen?"

Ich kann so was einfach nicht sagen – weder die lange noch die kurze Version! Und auch folgende unsägliche Anmachsprüche stehen bei mir auf der schwarzen Liste:

Die unsäglichsten Anmachsprüche:

Platz 5: „Ich hab meine Telefonnummer vergessen – kannst du mir vielleicht deine geben?"

Platz 4: „Glaubst du an Liebe auf den ersten Blick – oder soll ich noch mal reinkommen?"

Platz 3: „Ich habe einen neuen Wecker – möchtest du den morgen mal klingeln hören?"

Platz 2: „Merke dir meinen Namen – du wirst ihn die ganze Nacht schreien!"

Platz 1: „Was hat zwei Daumen, ein Auge und ist verdammt gut im Bett?"

Dass ich überhaupt in den Genuss von Geschlechtsverkehr kam, verdanke ich denjenigen mutigen Frauen, die *mich* ansprachen! Dabei braucht es eigentlich nicht viel Mut, auf mich zuzukommen. Ich bin Gentleman: Es gibt keine, bei der ich „Nein" gesagt hätte!

Wobei ich eine klitzekleine Schwäche habe, die ich den Damen gern verschweige. Aber jetzt, wo wir unter uns sind, kann ich es verraten: Ich bin eine Niete im Bett! Und auch an allen anderen Orten, an denen ich Sex habe!

Der durchschnittliche deutsche Geschlechtsverkehr dauert (wie wir wissen) 17 Minuten – aber nur, weil Männer wie ich versuchen, eine halbwegs dezente Zeit hinzulegen! Sonst würde ich *sofort* kommen: „Zu spät, Schatz, du kannst die Klamotten anlassen!"

Frauen machen mich so schnell scharf, dass ich mich extrem zusammenreißen muss, um zumindest in die *Nähe* der berühmten 17 Minuten zu kommen! Ohne diese übermenschliche Konzentrationsleistung säße ich nach 17 Minuten schon wieder angezogen im Taxi und wäre auf dem Weg nach Hause!

17 Minuten! Was man in der Zeit alles erledigen könnte! Aber als Gentleman weiß ich natürlich: Frauen haben ein anderes Zeitgefühl (darum telefonieren sie ja auch stundenlang „ganz kurz mit einer Freundin"). Also versuche ich, den Akt zu verlängern. Es gibt ein paar Tricks, die mir dabei helfen: Bei einer besonders gut aussehenden Partnerin mache ich zum Beispiel beim Sex das Licht aus, um nicht zusätzlich stimuliert zu werden. Oder aber ich mache die Augen zu und denke an irgendetwas total Abtörnendes – zum Beispiel an Fußballer. Das funktioniert immer! Und trotzdem mögen es die meisten Frauen nicht, wenn ich diese Methode

anwende. Es stört sie einfach, wenn ich kurz vorm Höhepunkt rufe: „Ja, Tor! Tooor! Tooooor!"

Ich persönlich sehe das lockerer: Wo ist das Problem? Das Licht war schließlich aus! Und so wie sie gestöhnt hat, hat sie vermutlich auch nicht an mich gedacht, sondern eher an Cristiano Ronaldo!

Noch komplizierter als Sex zu haben ist es allerdings, *keinen* Sex zu haben. Erst recht in einer festen Beziehung. Wenn ich als Mann einmal sage: „Ich bin nicht in Stimmung", dann gibt es für die Frau nur drei Erklärungen:

„Er liebt mich nicht mehr!"

„Er hat eine andere!"

„Er ist schwul!"

Und wenn die Frau mal nicht will? Für uns Männer ist das kein Problem! Wenn die Frau keine Lust hat, dann akzeptieren wir das und denken uns: „Okay, sie hat keine Lust – dann ist das halt so! Dann frag ich sie in zehn Minuten noch mal!"

FACT BOX

Dort haben Deutsche besonders häufig Sex:

im Bett
auf dem Küchentisch
vorm Kamin
im Auto

Dort haben Deutsche besonders selten Sex:

in Kayas Bett
auf Kayas Küchentisch
auf einem Käseigel
in Oer-Erkenschwick

Deutschland ist in Sexfragen aufgeschlossen und liberal. Und trotzdem ist es kompliziert, den richtigen Partner zu finden. Und für uns Ausländer kommt eine weitere Hürde erschwerend hinzu: die Eltern.

Damit meine ich nicht deutsche Eltern, die den ausländischen Freund ihrer Tochter nicht akzeptieren – ich meine ausländische Eltern! Die können ein echtes Problem sein!

Besondere Vorsicht ist bei türkischen Eltern geboten. Dazu muss man sich noch einmal vergegenwärtigen: Wir leben hier in einem der demokratischsten und liberalsten Länder der Welt, wir können fast alles tun und lassen, was wir wollen. In Deutschland geht das – in der Türkei geht das nicht! Dort lassen Gesellschaft und Religion solche Freiheiten nicht zu.

In der Türkei gibt es nur zwei Arten von Frauen: Jungfrauen und Ehefrauen. Dazwischen gibt es nichts. Probieren gibt es nicht. Wer naschen will, der muss die Suppe auch bis zur bitteren Neige auslöffeln! Spätestens jetzt sollte jedem klar sein, warum so viele Türken nach Deutschland kommen! Die rechten Idioten sollten keine Angst haben, dass wir ihnen die Arbeitsplätze wegnehmen – sie sollten lieber auf ihre Frauen aufpassen!

Selbst für mich, einen in Deutschland aufgewachsenen Türken der dritten Generation, ist es unheimlich schwierig, eine Beziehung mit einer Landsmännin aufzubauen. Ich war einmal mit einer Türkin zusammen. Na ja, so richtig „zusammen" waren wir eigentlich nicht. Es war keine „Beziehung", keine „Affäre", noch nicht mal ein „Techtelmechtel". Ich habe mich noch nicht einmal getraut, sie anzufassen. Weil ich wusste, irgendwann kommt der Satz: „Ich bin noch Jungfrau!"

Spätestens da war mir klar: Ich kann keine Beziehung mit einer Türkin haben, weil ich keinen Sex mit ihr haben kann. Und wenn ich doch Sex mit ihr hätte, käme ihr Vater rein, mit 30 Verwandten im Schlepptau, und er würde sagen: „Hiergeblieben! Beschneiden! Heiraten! Sofort!"

Die meisten würden sagen: „Hier hört der Spaß auf!" Ich sehe das anders: Denn bevor der Spaß *aufhören* kann, hätte ich vorher ja welchen *haben* müssen.

Seitdem ziehe ich deutsche Freundinnen vor. Einmal wurde ich von einem deutschen Vater erwischt. Ich war gerade auf seiner Tochter zugange, da ging die Tür auf. Und ich muss sagen: Er hat toll reagiert! Diplomatisch, liberal, interessiert. Er hat mir die Hand geschüttelt, hat gefragt, seit wann ich in Deutschland lebe und gesagt, dass ich seine Sprache sehr gut beherrschen würde. Dann fragte er noch, wie die Stellung, die ich gerade mit seiner Tochter praktiziere, auf Türkisch heißt. Und dann ließ er uns wieder allein. Wobei ich zugeben muss, dass die ganz große Lust durch dieses Gespräch ein bisschen verflogen war. Trotzdem hatte ich Hochachtung vor dem Mann und seiner besonnenen, verständnisvollen Art. Zumindest bis zwei Minuten später die Tür noch einmal aufging, er ins Zimmer schaute und sagte: „Annette, wir müssen reden!"

Ist Annettes Vater nun klug, bescheuert, engstirnig, weltoffen, lustig, peinlich, altmodisch oder modern? Wahrscheinlich alles auf einmal. Damit verkörpert er das, was Deutschland für mich ausmacht: Vielseitigkeit. Die deutschen Raser machen mich nervös, aber ich finde es gleichzeitig toll, dass es kein Tempolimit gibt; die deutsche Ordnungsliebe ist oft richtig unromantisch, aber ich bin froh, dass wir den Überblick behalten; ich teile den deutschen Musikgeschmack nicht immer, aber natürlich schunkle ich mit.

Diese bunte und widersprüchliche Vielfalt in all ihren schillernden Ausprägungen – das ist für mich typisch

„Made in Germany".